汉字

有秘密

肆

吴京鸣 编著

U0314325

化学工业出版社

·北京·

内容简介

本书为《汉字有秘密》分册之一，涉及49个汉字，并将所选汉字分为9组，通过对这些汉字的字形演变以及字义解释进行说明，展示同组汉字之间的联系与区别，使孩子了解汉字的起源和演变，以达到认识汉字、理解汉字含义的目的。每个汉字后面分别设"汉字小秘密""汉字故事馆""汉字知识馆"等板块，加深孩子对汉字的认识，让孩子轻轻松松学汉字。本书适合5～8岁孩子及家长阅读。

图书在版编目（CIP）数据

汉字有秘密. 肆/吴京鸣编著. —北京：化学工业出版社，2022.3
ISBN 978-7-122-40435-0

Ⅰ.①汉… Ⅱ.①吴… Ⅲ.①汉字–儿童读物 Ⅳ.
①H12–49

中国版本图书馆CIP数据核字（2022）第026520号

责任编辑：曾照华　　　　　　　　文字编辑：李　曦
责任校对：王　静　　　　　　　　装帧设计：梧桐影

出版发行：化学工业出版社
　　　　　（北京市东城区青年湖南街13号　邮政编码100011）
印　　装：北京宝隆世纪印刷有限公司
889mm×1194mm　1/20　印张8　字数109千字
2024年5月北京第1版第1次印刷

购书咨询：010-64518888　　　　售后服务：010-64518899
网　　址：http://www.cip.com.cn
凡购买本书，如有缺损质量问题，本社销售中心负责调换。

定　　价：69.00元　　　　　　　　版权所有　违者必究

汉字，是古老而优美的文字，它的表意性使其成为世界上唯一能跨越时空的文字。《汉字有秘密》将带领孩子在识字之初，去探寻这些古老汉字的秘密。

本套书共四册，每册都以分组的形式，展现相关联汉字的字音、字形、字义，同时辅以相关传统文化故事、知识，帮助孩子巩固记忆。

具体特点如下。

一 追寻字源，解读汉字的秘密。

从最早能够识别的甲骨文，到后来的金文、篆文、隶书，再到如今我们人人熟知的楷书，汉字几经变化，字体万千，于是本套书严格参考《甲骨文字典》《汉字字源》等专业书籍，整理出更准确字源，以图文的形式生动解读"汉字的秘密"。

二 "字源＋故事＋知识"，多角度加深记忆。

每个汉字后面分别设"汉字小秘密""汉字故事馆""汉字知识馆"等板块，以"字源＋故事＋知识"的形式，在趣味中巩固对所选汉字的认识，因为所选的故事与知识都与传统文化相关，所以还能起到一定的知识拓展作用。

三 同类分组，对比学习。

本套书将所选汉字进行分组，充分展示同组汉字之间的联系与区别，辅助孩子加深对所选汉字的认识，对比着进行学习。另外，本书涉及的多音字的注音原则如下：字头只标出本书重点讲解的字义对应的读音。

在这本书中，孩子可以探寻汉字的秘密，可以欣赏精美的手绘图画，可以了解不同朝代的文化知识……希望这套书可以让每一个孩子在认识汉字、了解汉字的路上有所收获。

最后，要感谢为这套书的面世而付出辛劳的编写老师，正是因为他们共同的付出和努力，才让这套书更完善。由于能力有限，书中难免存在不足之处，还望广大读者提出宝贵意见。

编者

2023年8月

目录

第一组

人　大　天
从　众　信

人 rén

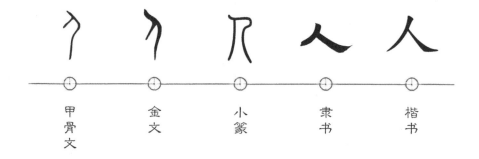

甲骨文　　金文　　小篆　　隶书　　楷书

　　人拥有灵活的双手，还可以直立行走，"人"字的甲骨文就突出了这两个特点。"人"是一个象形字，它的甲骨文是一个弓着身体侧身而站的人形，金文和篆文延续了甲骨文的字形，到了隶书，"人"才变成我们现在看到的一撇一捺的样子。

汉字故事馆

| 杞人忧天 |

从前在杞国，有一个胆子很小的人，他经常会想一些奇怪的问题，让人觉得莫名其妙。

有一天，这个人吃过晚饭以后，坐在大门前自言自语："假如有一天，天塌下来了，该怎么办呢？我们只能等着被压死吗？"他越想越害怕，每天都很担心，以至于白天没有食欲，夜里不敢睡觉。

这件事慢慢地传开了，有一个热心人看到他那副忧愁烦闷的样子，就去开导他说："天不过是一股聚在一起的气体，你整天在气体里活动，为什么还要担心它会掉下来呢？"这个杞国人半信半疑地问："那么太阳、月亮和星星不就要掉下来了？"那个人回答："不会的，太阳、月亮、星星就是掉下来，也不会伤到人的，你尽管放心。"杞国人又问："那地要是陷下去了怎么办呢？"热心人说："地不过是堆积起来的土块罢了，东南西北到处都有这样的土块，你根本不用担心它会塌陷下去。"杞国人听了，终于放下心来，露出了笑容。

后来人们就根据这个故事，引申出"杞人忧天"这个成语，目的是告诉人们不要为不必要忧虑的事情而忧虑。

汉字知识馆

在达尔文的"进化论"出现之前，人类的起源问题一直都很有神话色彩，我国最有名的造人神话，就是女娲抟土造人的故事。传说，女娲在正月初一创造了鸡，初二创造了狗，初三创造了猪，初四创造了羊，初五创造了牛，初六创造了马，到了初七这一天，女娲用黄土和水，仿照自己的样子造出了一个个小泥人儿。这也是为什么初一到初六都是"六畜之日"，而初七被叫作"人日"——这一天，是人类诞生的日子。后来，人们为了感恩女娲造人、炼石补天等功德，就在农历三月十八日这一天为女娲庆祝生日。2006年，"女娲祭典"经国务院批准列入第一批国家级非物质文化遗产名录。

大
dà

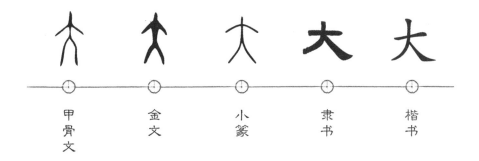

| 甲骨文 | 金文 | 小篆 | 隶书 | 楷书 |

古人认为，是人创造了社会和文明，在自然万物中，人是"万物之灵"，是最伟大的，所以"大"字的甲骨文就像是一个张开手脚的人。到了隶书时，"人"字的"两只手"变成了横，"左脚"变成了一撇，"右脚"变成了一捺，最后就变成我们现在看到的"大"字啦。

汉字故事馆

| 夜郎自大 |

我们经常会用"夜郎自大"来形容那些孤陋寡闻而又妄自尊大的人，但是为什么会有这种说法呢？这和汉武帝派使团寻找身毒国的故事有关。

西汉时期，尤其是汉武帝时期，大汉与匈奴之间常常发生战争，大汉想要与大夏国进行贸易往来十分困难，于是汉武帝听从张骞的建议，派使团一路向西，寻找身毒国，准备开辟新的贸易路线。

使团寻找身毒国的过程中，曾到过两个西南小国，一个是滇国，一个是与滇国比邻的夜郎国。使团到达滇国后，受到了滇王尝羌的热烈欢迎与帮助。热情的滇王对大汉十分好奇，就留下使团众人，问道："大汉和我们滇国比起来哪个大？"使者听了滇王的问题吓了一跳，他没想到这个国家的人竟然一点儿也不了解大汉，甚至以为自己的国家能与大汉比大小。使者一开始以为滇王的无知只是个例，并没有特别在意，然而等使团到了夜郎国，夜郎侯竟然也问起自己的国家和大汉哪个大，汉朝的使者这才知道，这些西南小国真的不知道大汉的辽阔，敢与大汉做比较，实在是有些自大。

因为被连续问了两遍，使者对这件事的印象十分深刻，回国后就上报了这件事，只是不知怎么的，明明滇王和夜郎侯问了同样的问题，最终却只有夜郎侯成了无知又自大的代表。

汉字知识馆

　　"大"的意思是体积、面积、数量、力量、强度等方面超过一般或超过所比较的对象，是一个与"小"相对的概念。

天

tiān

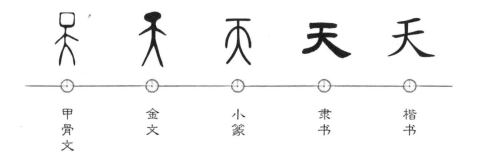

| 甲骨文 | 金文 | 小篆 | 隶书 | 楷书 |

　　"天"字的甲骨文就是在一个人的头顶上画一个圈，表示人头顶上面的部分就是天。篆文时，人头顶上的圈被简化成一横。到了隶书，"人"字的"两只手"也被简化成一横，"天"的字形就固定了。

汉字故事馆

| 开天辟地 |

　　传说在很久很久以前，天地还没有形成，宇宙间是一团混沌。这团混沌中孕育了人类的祖先——盘古。过了一万八千年，盘古从混沌中苏醒，他发现眼前漆黑一片，非常生气，就用自己制造的斧子劈开了这团混沌。随着一声巨响，混沌里轻而清的阳气上升，变成了高高的蓝天，重而浊的阴气下沉，变成了广阔的大地。从此，宇宙间有了天地之分。

盘古开天辟地后，头顶蓝天，脚踏大地，挺立在天地之间。之后，天每日增高一丈，地每日增厚一丈，盘古也每日长高一丈。这样又经过一万八千年，天高得不能再高，地深得不能再深，盘古自己也变成了顶天立地的巨人，像一根柱子一样撑着天和地，使它们不再变成过去的混沌状态。不知又经过了多少年，盘古最终死去，他庞大的身躯躺倒在大地上。他的头部隆起，成为东岳泰山；他的脚朝天，成为西岳华山；他的肚子高挺，成为中岳嵩山。至于他的头发和汗毛，全变成了树木和花草。

汉字知识馆

"天子"指国王或皇帝，奴隶社会和封建社会的统治阶级把他们的政权说成是受天命建立的，因此称国王或皇帝为天的儿子。

从
cóng

汉字小秘密

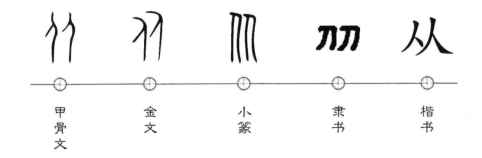

| 甲骨文 | 金文 | 小篆 | 隶书 | 楷书 |

　　"从"字不只现在的字形像两个"人"字叠加在一起，它的甲骨文字形也像是把两个"人"字的甲骨文叠加在一起。甲骨文的"从"就像两个侧身站着的人，一个在前面走，另一个在后面跟着。从它的字形，我们可以很容易地猜出"从"字的本义是跟随。

汉字故事馆

| 投笔从戎 |

东汉时期，有一个很有名气的将军叫班超，他从小就很用功，对未来有自己的理想。班超在少年时代，读过许多历史方面的书籍，对出使西域立下汗马功劳的张骞、傅介子等历史人物非常赞赏。

公元62年，班超的哥哥班固被明帝刘庄召到洛阳，做了一名校书郎，班超和他的母亲也跟着去了。当时，因为家境并不富裕，班超便找了份替官家抄书的差事挣钱养家。但是，日子久了，他就不甘心做这种乏味的抄写工作了。有一天，他正在抄写文件，写着写着，突然觉得很烦闷，于是站起来，丢下笔说："大丈夫应该像张骞、傅介子那样，在战场上立下功劳，怎么可以在这种抄抄写写的小事中浪费生命呢！"

后来，班超成了一名军官，在与匈奴的战争中，他领兵不断取得胜利。后来，他建议和西域各国来往，以便共同对付匈奴。朝廷采纳了他的建议，派他带着数十人出使西域。他克服重重困难，联络了西域的几十个国家，保证了汉朝的社会经济稳定发展，为东西方人民的友好往来做出了卓越的贡献。

汉字知识馆

"从"字有按照、跟随等意思，在"从善如流"这个成语中，它还有听从的意思，形容能迅速地接受别人的好意见。这个成语出现的时间非常早，是《左传》中的一句话。讲的是春秋时期，晋景公十五年（前585年），楚国攻伐郑国。晋国中军将栾书率军援助郑国。楚军不敢对敌，撤退而回。晋军准备趁机攻打蔡国。楚国派军队救援蔡国，在桑隧抵御晋军。晋军将领有十一人请战。知庄子、范文子和韩献子三人则说："楚军已撤退，我们去攻蔡，就会激怒楚军，使我们这一仗不一定能打胜。并且，用大军去打楚国两个小地方，也没什么意义。不如回去。"栾书认为："正确的意见才能代表众人。三人的意见是对的。"便决定停止攻蔡，撤军回晋。

晋景公十七年（前583年），晋国派栾书领兵攻打蔡国和楚国。晋军大获全胜。又进攻沈国，把沈国的国君都抓来了。人们认为，晋军能再次取得胜利，就是因为栾书听从了知庄子、范文子和韩献子等人的良言。真可谓从善如流。

众

zhòng

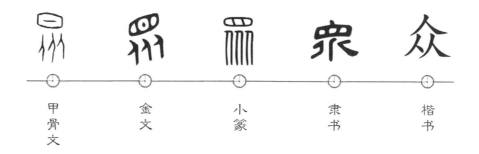

| 甲骨文 | 金文 | 小篆 | 隶书 | 楷书 |

一个"人"是"人"，两个"人"是"从"，三个"人"就是"众"啦。"众"字的甲骨文上面有一个太阳的形状，下面是三个人并排站着，古人习惯用"三"来表示多。

汉字故事馆

| 众志成城 |

春秋末年，周景王想铸一口特大号的铜钟来满足自己享受音乐的愿望。他把司乐官州鸠找来，问问他的意见。州鸠恭敬地回答："您为了自己一个人的享受，而让百姓受苦，那会使民怨神怒啊！"周景王听后非常生气，赶走了他。

后来大钟铸成，周景王找来乐人演奏。乐人们捧场说："陛下，这大钟美极了，它的声音非常和谐悦耳！"周景王很高兴，又找来司乐官州鸠，打算羞辱他一顿："怎么样，你说这大钟的声音是不是非常和谐啊？""不，陛下。"州鸠反驳景王说，"大钟的声音是不和谐的，如果陛下要做乐器，百姓都乐意那才叫和谐。可今天您因铸钟惹得百姓抱怨，让国家耗费巨资，这能叫和谐吗？凡是百姓赞成的事情才能办成；百姓不赞成的事就会失败，俗话说'众志成城，众口铄金'，百姓所拥护的事，大家齐心协力，像城墙一样牢固，没有不成功的；百姓所痛恶的事即使坚硬如金石，也会被销毁，没有不失败的！"

后来人们就用"众志成城"来表示大家同心协力，就像坚固的城墙一样不可摧毁，比喻大家团结一致，就能克服困难，得到成功。

汉字知识馆

众，这个看似简单的汉字，却蕴含着深厚的文化内涵。它代表了众多的人，而当"众口"一词出现时，所蕴含的力量更是不可小觑。众口铄金，这个成语便是对这种力量的最好诠释。众口铄金源自《国语·周语下》。在周朝时期，周宣王身边的官吏们纷纷传言宣王身边有鬼神作祟，导致他生病不起。大夫伯阳父为了稳定人心，解释这些谣言是无稽之谈，他坚信，如果大家齐心协力，众志成城，就能抵御任何侵袭。他用"众口铄金"强调当众人的声音汇聚在一起时，其力量足以熔化金属。

信
xìn

小篆　　　　　隶书　　　　　楷书

　　"信"由"人"和"言"构成，"人言"不就是指人说的话吗？我们从小就知道说话要算话，古人对此更是特别重视，认为只要说出来的话，就一定要做到。所以在造字时，就把"人"和"言"组合起来造出了表示诚信的"信"字。

汉字故事馆

| 言而有信 |

一天早上，曾子的妻子要去集市上买一些东西，因为不方便带儿子，就准备自己一个人去。但是儿子一直跟着妻子，边走边哭，怎么也不肯回家。没有办法，妻子只好对儿子说："你先回家去，我回来以后杀猪给你吃。"儿子一听有猪肉吃，立即安静下来，回了家。

妻子从集市回来，刚一进门，就看见曾子抓住一头猪，准备杀猪给儿子吃。她急忙上前拦住曾子，说道："我说给孩子杀猪吃，只是在和他开玩笑，你怎么拿我开玩笑的话当真呢？"曾子说："小孩子是不能与他们开玩笑的。他们年纪小，还不懂事，要依赖父母学习，听从父母的教诲。你现在说一些欺骗他的话，就等于教他去欺骗别人。做母亲的欺骗孩子，虽然一时能哄得住他，但是孩子知道受骗后，就不会再相信母亲的话。所以欺骗不是教育孩子的方法。"曾子的妻子觉得曾子的话很有道理，不再阻拦。于是曾子马上把猪杀了。

曾子用言行告诉人们，即使是对待什么都不懂的孩子，也应该言而有信，通过实际行动教导孩子。

汉字知识馆

诚信，是中华民族的传统美德。自古以来，我国便有许多有关"诚信"的名言，现在我们便来积累一下吧！

言必信，行必果。——孔子

民无信不立。——孔子

小信诚则大信立。——韩非子

人背信则名不达。——刘向

爷 奶 爸 妈
孩 伙 伴

爷

yé

爺 爷

隶
书

楷
书

　　我们都知道"爸爸的爸爸叫爷爷"。但是"爷"这个字其实最早指的是爸爸。所以古文中，"爷"上面的"父"字表示爸爸，下面的"耶"字表示读音。后来，人们把"爷"的辈分升级，"爷"就从爸爸升为爸爸的爸爸了。

汉字故事馆

| "柴王爷" 柴荣 |

关于赵州桥修建的传说中有这么一句话：张果老骑驴桥上走，柴王爷推车轧了一道沟。"张果老"和"柴王爷"都是神话传说中的人物，但是神话传说也不全是杜撰，至少"柴王爷"是有一个参考的原型的，他就是后周世宗——柴荣。

柴荣自幼生长在姑姑家，因为谨慎忠厚而被姑父郭威喜爱，成了郭威的养子。后来他随郭威在魏起兵，建立后周，在郭威病逝后即位，成了后周的主人。

柴荣相貌英奇，善于骑射，沉着寡言。他在位期间，整顿军政，大毁佛寺，增筑京城，赦免不是死罪的犯人，使后周政治清明、百姓富庶，中原开始复苏。柴荣能够虚心听取不同意见接纳劝谏，且用人不疑，是一位难得的英明君主！但天妒英才，柴荣在位仅仅约六年，就因病去世了。他的儿子柴宗训即位时只有七岁，没多久就因为赵匡胤"黄袍加身"而被迫让位。

赵匡胤即位后，对柴荣的子孙后代非常宽厚。

汉字知识馆

我们现在说的"爷"通常指爷爷，但其实古代的"爷"指的不是爷爷，而是另有所指。

唐朝以前，"爷"是用来称呼父亲的，比如著名的《木兰诗》中就有"不闻爷娘唤女声"，意思是听不见父母呼唤女儿的声音，这里的"爷"就是指父亲。后来，"爷"不只用来称呼父亲，大户人家的奴仆称呼自己的主人，以及官员的幕僚和下属称呼自己的上司，都用"爷"。

奶

nǎi

隶
书

楷
书

　　"奶"是形声字，右边的"乃"是声旁。而"奶奶"两个字一起使用时，就表示爸爸的妈妈。

汉字故事馆

| 羊奶育孤 |

　　在远古时代，年轻人必须每天出去采集野果或捕捞鱼虾供家人食用，而年老的妇人则需要照看小孩。在那个蛮荒时代，野外的猛兽毒蛇让采集

和狩猎生活充满危险。

传说中曾经有一个家庭的妈妈外出采集后再也没有回来，只留下家里无法外出的老妇人和一个刚出世不久的婴儿。老妇人知道孩子妈妈没有回来意味着什么，但她目前最着急的是怎么喂饱眼前一直哭着的婴儿。

那个时期，没有一个家庭能储藏喂养婴儿的母乳。因此在失去妈妈的情况下，孩子的结局往往只有死亡。但这一次奇迹发生了，这个老妇人看到一头正处于哺乳期的母羊，突然想到了一个好办法。她拿着一个粗陶碗急急忙忙地来到母羊身边，摸摸索索地挤下半碗羊奶，回来喂给已经饿得哭不出声的婴儿。

这下最急迫的问题解决了，婴儿喝下羊奶，甜甜地睡着了。就这样，老妇人每天都挤些羊奶来喂这个婴儿。婴儿一天天长大，慢慢能吃浆果了，能吃鱼虾了。他幸运地活了下来。

汉字知识馆

"奶妈"主要指哺乳孩子和照顾孩子的人。在古代，许多家庭生下孩子后，由于生母奶水少或身体极度虚弱，不能用母乳喂养婴儿，或是一些富裕人家的夫人、太太，不喜欢自己带孩子，就会把刚出生的孩子交给奶妈喂养。由于奶妈要喂养孩子好几年，孩子从小待在奶妈身边，会与奶妈产生相当深厚的感情。

爸

bà

隶
书

楷
书

爸爸就是父亲，所以"爸"字的上面是个"父"字。那下面的"巴"呢？它是"爸"的声旁，表示读音。

汉字故事馆

| 教子有方的窦爸爸 |

说到教子有方，就不得不提一提《三字经》中的"窦爸爸"，毕竟"窦燕山，有义方，教五子，名俱扬"这几句话我们可是耳熟能详。

窦爸爸姓窦，名禹钧，也有人叫他窦燕山、窦谏议。窦爸爸一生做了很多好事，比如亲友中谁家有人去世却没钱办丧事，他就出钱帮忙处理丧事；谁家有因家贫而无法婚嫁的女儿，他就出资帮助这些女孩儿婚嫁；谁家贫困得无法生活，他就挑选那些可以胜任的人，借钱给他们，让他们做些小买卖。

窦爸爸不仅经常帮助身边的人，还帮助了很多来自远方的读书人。窦爸爸建书院，聚书数千卷，还聘请学识渊博的老师。一些远道而来的寒门子弟只要想学习，都可以来这里获取知识。因此由窦爸爸这里科考成功、步入仕途的人数不胜数。当然，大家最熟知的还是窦爸爸那五个儿子。

窦爸爸有五个儿子，分别叫作窦仪、窦俨、窦侃、窦称、窦僖。他们都先后考中进士，各自在官场中取得了显著的成就：窦仪官至尚书，窦俨担任礼部侍郎，窦侃出任起居郎，窦称担任左谏议大夫，窦僖做到了左补阙。冯道曾给窦爸爸写了一首诗：燕山窦十郎，教子有义方。灵椿一株老，丹桂五枝芳。这就是夸窦爸爸教子有方的。

汉字知识馆

在中国的传统社会，父亲是家庭中最重要的角色，所以古代有很多对"父亲"的称呼。首先，"父"是对父亲的书面称呼；"爹"是方言中对父亲的称呼。除此之外，古代也有很多带前缀的称呼方式，比如，以"家"为前缀的称呼，这类称呼主要用于和别人说话时称呼自己的父亲，有自谦的意味，如"家父""家大人""家严"等。而以"尊"为前缀的称呼，则是对别人父亲的敬称，如"尊大人""尊公"等。如果父亲去世了，古人一般会以"先"为前缀来称呼，如"先父""先公""先严"等都是对自己去世的父亲的敬称。

妈

mā

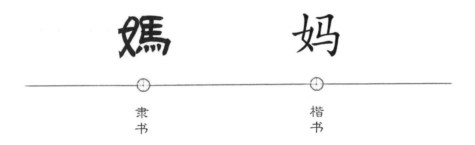

嫣 妈

隶
书

楷
书

　　"妈"是个形声字，左边的"女"字表示妈妈是女性，右边的"马"字是声旁，表示读音。

汉字故事馆

| 妈祖 |

相传妈祖的真名为林默，她出生之前，她的父母已经有了五个女儿，十分希望能生一个儿子，因此得知这一胎可能又是一个女儿时，她的父母非常失望。但是就在林默出生前的那个傍晚，邻里乡亲看见一颗发着红光的流星向岛屿射来，照得岩石都发红了。

林默的父母相信这个女儿一定有特殊的地方，于是对她特别疼爱。林默小时候就比其他姐妹聪明，八岁开始读书。长大后，她下定决心要行善救人，专心研究医学知识，为人治病，教人防疫，人们都很感激她。

林墨性情和顺，热心助人。人们遇到困难时，也都愿意跟她商量，请她帮助。因为从小生活在海边，林默水性很好，还擅长看天文气象。附近海域里遇难的渔舟、商船，常常会得到林默的救助，于是人们就说她能"乘席渡海"。

宋太宗雍熙四年九月初九，年仅二十八岁的林默去世了。据说这一天，湄洲岛上的人们看见湄峰山上有朵彩云冉冉升起，又恍惚听见空中有一阵阵悦耳的音乐。从那以后，航海的人也纷纷说常常见到林默穿着红色的衣服在海上救助遇难的人。于是，人们就将林默奉为神明，称她为"妈祖"，拜她的神像祈求海上航行顺利。

汉字知识馆

　　世界上有很多种语言，但是对于母亲的称呼都出奇相似，这是由婴儿发音的特点和对基本温饱的本能需要的一致性造成的。对于我们来说，"妈妈"是最简单的发音，是婴儿张嘴吐气的自然结果。"妈"这个称呼在我国很早就存在了，三国时魏国的张揖编撰的《广雅·释亲》记载："妈，母也。"说明在那之前就已经有"妈"的叫法了。

孩 hái

| 小篆 | 隶书 | 楷书 |

我们现在经常说"孩子",认为"孩"和"子"是同样的意思,但是最开始的时候,古人用"子"来指代婴儿,而"孩"最早其实是指小孩子笑。我们看"孩"的篆文,可以看到左边是个小小的"人",表示孩子,右边的"亥"是声旁,表示读音。

汉字故事馆

| 倒绷孩儿 |

宋朝的时候，有一个叫苗振的人，文章写得非常好，曾经在科考时取得了第四名的好成绩，还当了好几年的官。一次，苗振获得了参加朝廷选官考试的机会。在考试之前，他特地去拜访了当朝宰相晏殊。

晏殊见了苗振，提醒他说："你当了好几年的官，恐怕写文章的功夫都已经生疏了，现在马上就要考试了，你最好提前复习一下。"可是苗振听了晏殊的话，一点儿也不在意，说："您多虑了，哪有当了三十年接生婆却把孩子倒着包进襁褓的？"那意思分明是说自己写文章非常轻松，绝不会出错。

苗振居然真的在考试时出了差错。原来，那天的考题是《泽宫选士赋》，韵要压在"王"字上，可苗振竟然写出了"率土之滨莫非王"（原文出自《诗经》，为"率土之滨，莫非王臣"）。最后考试结果出来，苗振果然没选上。

后来，苗振又碰上了晏殊，晏殊打趣地问："苗先生果然倒绷孩儿了吗？"苗振被羞得满脸通红。

现在人们常用"倒绷孩儿"来比喻一向做惯了的事因一时疏忽而弄错了。

汉字知识馆

　　在古代，不同年龄的孩子是有不同的叫法的。刚出生的婴儿，古人称他们为"赤子"，而"黄口"指幼儿。

伙

huǒ

小篆　　　　隶书　　　　楷书

　　"伙"本来写作"夥（huǒ）"，"夥"是一群人的意思，"果"是"夥"的声旁。后来人们为了简化字体，就将"夥"写作"伙"，改用"火"作为"伙"的声旁。

汉字故事馆

夥（伙）涉为王

我们都知道"苟富贵，无相忘"的故事，但这个故事还有一个后续，里面还引申出了一个成语——夥（伙）涉为王。

陈胜起义前家境不好，年轻的时候经常和其他人一起被富人雇佣，为他们耕种田地。有一次，他和几个伙伴一起干活，中间休息时，几个人一起坐在田埂上聊天，大家有说有笑，非常开心，只有陈胜坐在一边不说话也不笑，仿佛有心事。一个伙伴就问他："陈涉，你在想什么呢？"陈胜回答："没事，只是想到，要是以后我们中间有人富贵发达了，可不要忘了今天大家一起吃过苦。"

后来，陈胜举起了起义大旗，队伍规模不断壮大，甚至在当地豪杰的支持下，在陈县自立为王。那些曾经和陈胜一起替人耕种的伙伴们听说了他的事迹，想起了很早之前的那句"苟富贵，无相忘"，就一起来到陈县宫门前，说："我们要见陈涉。"守门的兵士把他们当作骗子，要把他们捆绑起来，直到他们说了一些陈胜的事，才放了他们，但仍然不肯替他们通报。后来陈涉外出，他们看见马车上的陈胜，大声呼喊他的名字，被他听见了，才被召见，同乘一辆马车回了宫。到了宫殿里边，这伙人看见高大的宫殿，富丽堂皇的帷幕帐帘，不禁惊叹："陈涉做了王好阔气呀！"

因为楚地人称多叫"伙"，所以陈胜"一朝称王，阔气异常"的故事就被叫作"夥（伙）涉为王"，用来描述那些地位本来很低的人突然富贵以后排场很大，带有一定的贬义。

汉字知识馆

一个人如果能够有一个志同道合、玩得来的伙伴是一件非常幸运的事情，那么什么是"伙伴"呢？"伙伴"泛指共同参加某种组织或从事某种活动的人。"火伴"源自古代的一种兵制，以十个人为一火，由火长一个人负责全火的饮食，所以，属于同一火的人就是"火伴"。

伴

bàn

小篆　　　　隶书　　　　楷书

"伴"字最早出现于小篆。"伴"是形声字，"半"是它的声旁。

汉字故事馆

| 野鹤为鸡伴 |

很多人都知道"竹林七贤"的嵇康，但是说到嵇绍，知道的人可能就很少了。这位嵇绍就是嵇康的儿子。

在嵇绍十岁时，他的父亲因为得罪了当时掌权的司马氏而被杀害，他也因此远离朝廷，闲居在家。嵇绍在家学习十分刻苦，奉养母亲更是孝顺慎重，因此他的贤德渐渐被人知晓。

当时，嵇康的旧友山涛负责选评官吏，他知道嵇绍是个人才，就上奏晋武帝说："《康诰》中有这样一句话——父子之间的过错不应互相牵连。嵇绍的贤能可以与春秋时晋国的郄缺相比，应当被加以任命，请您让他担任秘书郎一职。"晋武帝听了山涛的话，不仅没有因为司马氏与嵇康的旧事而对嵇绍不满，反而对山涛说："照你这么说，嵇绍可以胜任秘书丞的职责，哪能只让他当个秘书郎呢？"于是下诏书征用嵇绍，让他入朝当秘书丞。据说嵇绍刚到洛阳时，就有人对也是"竹林七贤"之一的王戎说："昨天在人群中第一次见到嵇绍，那气宇轩昂的样子就好像野鹤立在鸡群中。"王戎听后，只说："那是你没有见过他父亲呢。"

嵇绍在人群中就已经如"野鹤为鸡伴"，真不知道嵇康又是怎样的风采呢！

汉字知识馆

　　"伴"有"陪同"的意思，比如"伴读"。我们都知道"伴读"就是陪人读书的人，但是在古代，"伴读"不仅有这个意思，它还是一种官名！这个官职从宋朝时开始设置，主要职责是陪宗室子弟读书。当然，伴读不需要能力有多强，他们主要负责烘托学习氛围，陪宗室子弟一起玩儿。做宗室子弟的伴读可不容易，因为当那些宗室子弟犯错时，负责教导他们的先生可不会直接处罚犯错的人，反而会让伴读替他们受罚。

第三组

女　好　姓
姐　妹

女

nǚ

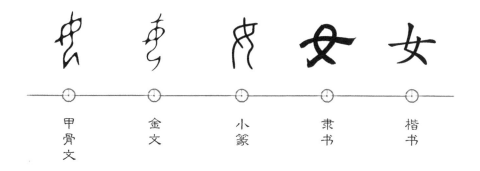

| 甲骨文 | 金文 | 小篆 | 隶书 | 楷书 |

古人觉得女性是温柔娴静的，"女"字的甲骨文就是一个女人低着头，朝着一边跪坐着的样子，所以"女"字是一个象形字。在古代，"女"字特指还没有出嫁的女孩子。

汉字故事馆

| 飞霜青女 |

青女是中国传说中掌管霜雪的仙女。据传，青要山有一座名叫青女峰的山峰，它的顶峰处有一根石柱，远远望去就像一位美丽的少女，而这个少女，就是我国古代神话传说中的霜雪之神——青女。

青女为什么会在青要山呢？这和武罗女神有关。当年，武罗因为协助黄帝收服了蚩尤的七十二弟兄，被封为青要山女神。武罗来到青要山后，一心想要造福人间，但大战刚刚结束，山中的毒雾和终年炎热的天气使各种病症滋生，甚至引发了瘟疫，人们生活得非常痛苦。

武罗女神为了祛除毒雾，救治生病的人们，特地飞上月亮，请来广寒宫降霜仙子——青女。青女本来是广寒宫里专门掌管降霜洒雪的仙子，她听了武罗的描述，知道了人们生活的困难，就在这年九月十四日，下凡来到人间，解救受苦的人们。青女站在青要山最高峰上，手里拿着一把七弦琴，只见她轻轻一抚琴弦，动听的声音缓缓流淌，霜粉、雪花随着琴声飘下来，洒在大地上，瞬间，邪气污秽，山瘴毒雾，全部都消失了，人们的灾病也全都好了。

汉字知识馆

　　二十八星宿，是我国古代天文学家把黄道附近的星象分成若干个区域，称为二十八星宿。又将这二十八星宿分为东方青龙、南方朱雀、西方白虎、北方玄武四组，每组各七宿。女宿是北方玄武的第三宿，它的星群组合形状像簸箕，也像"女"字，所以叫"女宿"。根据《礼记·月令》记载，黎明时如果能看到女宿在南方中天的位置，就可以知道是初夏来临了。

好

hǎo

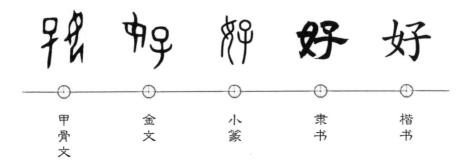

| 甲骨文 | 金文 | 小篆 | 隶书 | 楷书 |

"好"字由"女"和"子"组成，不过，可不要把它简单地理解成"女子"的意思。甲骨文的"好"字，右边部分表示母亲，左边部分代表婴儿，合起来就是指妈妈抱着婴儿，这就是最开始的"好"字。

汉字故事馆

| 狗咬吕洞宾，不识好人心 |

传说二郎神的哮天犬私自下凡，刚开始修道的吕洞宾和知圆奉命到夏口镇王员外家捉哮天犬。刚来到王员外家门口，知圆从袖子里拿出一幅布画，让吕洞宾将这幅画挂在门帘上，等看见哮天犬进入画中，就赶紧把画卷起来，让它的骸骨化成灰。吕洞宾听了，没有说话，只是接了画，等知圆进了房间后，就把它挂了起来。

知圆随着员外、夫人走进房间，果然看见一只恶犬，于是他执剑作法，引来许多神将神兵。神将神兵听知圆说了原因，举起兵刃向哮天犬打去。哮天犬被打到，大嚎一声，蹿了出来，四处乱咬，神将反被它咬伤了好几个。知圆生气地亲自动手，双方打得难舍难分，只是知圆这面人多，哮天犬眼看要输，急忙退到门边，想往外跑去。可抬头一看，前面是一片园林，有山有水，有树有花，还有许多美味的食物。哮天犬一看见这个好地方，抬腿就跨了进去。外面的吕洞宾，看它入了画，慌忙把画卷起。卷到一半儿，他突然想起哮天犬的主人二郎神和师父有交情，不能把它置于死地。于是，他又急忙把画摊开，摊到一半儿，哮天犬忽然跳了出来，一口咬向吕洞宾的小腿。只听吕洞宾"啊呀"一声，就向后倒去。这便是世俗相传的"狗咬吕洞宾，不识好人心"的故事。

汉字知识馆

　　"好"有优点多的，使人满意的等意思，我们会觉得"好"是一个非常棒的词，和它有关的词语都会具有"美好"的含义。但事实并不是这样的，一些带有"好（hào）"的成语往往都带有一种贬义，如游手好闲、好高骛远、好吃懒做、争强好胜、叶公好龙、好大喜功……

姓
xìng

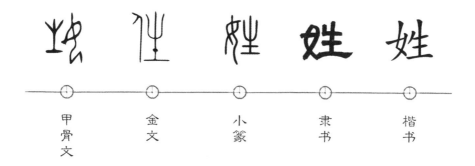

| 甲骨文 | 金文 | 小篆 | 隶书 | 楷书 |

　　"姓"的甲骨文左边是""，表示草木从土里生长出来，右边部分表示"女"，合起来就表示女性生育孩子。因此，"姓"的本义是指人出生。后来，"姓"专门用来表示姓氏。

汉字故事馆

| 柳车变姓 |

"柳车变姓"讲的是项羽乌江自刎后，他的属下季布隐姓埋名，藏在广柳车中来躲避祸事的故事。

季布是楚国人，为人非常豪爽，还很讲义气。他跟随项羽作战多年，曾多次打败刘邦，刘邦因此对他怀恨在心。后来刘邦打败了项羽，建立了汉朝，就花重金通缉季布，并下令谁也不许收留季布，一旦查出谁违反了命令，就要被满门抄斩。

季布一路逃亡，逃到濮阳一户姓周的人家时，周家人对季布说："现在朝廷到处搜捕您，恐怕很快就能找到这里。我有一个办法可以让您躲藏起来不被发现。"季布已经走投无路，就按照周家人的计策，给自己剃去头发，更换姓名，戴上锁链，和周家的十几个家奴一起被赶到广柳车上，当作奴隶卖掉了。季布被一户姓朱的人家买了去，朱家人心里知道买来的人是季布，就让他到庄园中种田，朱家老爷还嘱咐儿子："对这个人不可无礼，吃饭时叫他和你一起吃。"

后来朱家人请汝阴侯帮忙进言，刘邦不再追究季布的过往，还封季布为郎中。当时的人都称赞季布能忍辱负重，朱家也因为帮助过季布而出了名。

汉字知识馆

中国人的姓氏由来已久，姓氏的起源可以追溯到人类原始社会的母系氏族时期，所以"姓"字由"女"和"生"组成。"姓"最初是代表有共同血缘、血统、血族关系的种族的称号。姓氏的来源渠道有很多：有以祖先的族号为姓氏的，如唐、夏；有以赏赐的爵位为姓氏的，如王、侯；有以封国为姓氏的，如齐、鲁；有以官衔为姓氏的，如司马；有以居地为姓氏的，如郭、池；有以职业为姓氏的，如陶、卜等。

姐

jiě

小篆　　　　隶书　　　　楷书

　　"姐"是女性称呼的一种，所以"姐"字的左边是个"女"字，右边的"且"是声旁。"姐"除了指有血缘关系的、年龄比自己大的女性外，还可以指同族同辈年纪比自己大的女子，也可以称呼年轻的女子。

汉字故事馆

| 刘三姐的故事 |

相传唐朝有一个叫刘三姐的壮族姑娘，她自幼父母双亡，和哥哥以打柴、捕鱼为生。三姐勤劳聪明，还特别擅长唱山歌，能用歌声唱出穷人的心声和不平，因此被土豪劣绅视为眼中钉。

当地财主莫怀仁因为几次与三姐较量都是大败而归，更是对她怀恨在心，不惜耗费家财去勾结官府，想要把三姐置于死地。为了免遭毒手，三姐和哥哥在乡亲的帮助下，趁着天黑出逃，辗转到了柳州。

到柳州以后，忠厚老实的哥哥怕三姐唱歌再惹出事来，便想方设法阻止三姐唱歌。一天，他从河边捡回一块又圆又厚的鹅卵石丢给三姐，说："三姐，如果你能用手帕角在石头中间钻个洞，我就让你出去唱歌，否则你以后再也不许唱歌。"三姐听了哥哥的话，心想：我又不是神仙，手帕角怎么能穿得过去？她下意识地试穿，并唱道："哥发癫，拿块石头给妹穿；软布穿石怎得过？除非凡妹变神仙！"三姐的歌声直上云霄，最后竟传到了天宫七仙女的耳里。七仙女听了三姐的歌，不忍这么动听的歌声就此消失，于是施展法术，把石头穿了一个圆圆的洞，三姐终于可以继续出门唱歌了。

汉字知识馆

有时，"兄弟姐妹"会被写成"兄弟姊妹"，事实上，"姊"和"姐"，都可以表示"姐姐"的意思。那它们之间的区别是什么呢？从词源及含义的角度分析，"姊"一词的历史渊源颇为悠久，早在殷商时期的甲骨文中便已出现。据《说文解字》记载，"姊"的原意是指"女兄"，即女人中同父母而又比自己大的。而"姐"一词是后来才出现的，最初是专门用来代替"姊"的，后来随着发展，其指代范围比"姊"更广泛，不仅局限于同父母且年长的女性，还包括其他关系和年龄的女性。

妹

mèi

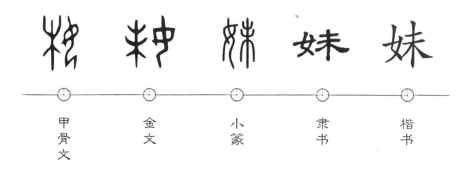

| 甲骨文 | 金文 | 小篆 | 隶书 | 楷书 |

甲骨文的"妹"字，左边的"未"字表示读音，右边的"女"字表示妹妹是女孩子。到了篆文时，女字旁从右边换到了左边，但是意思没有变。"妹"本义指同父母而年龄比自己小的女子，后来含义范围变广，可指代年轻女子、女孩子。

汉字故事馆

| 长发妹 |

从前，有一个侗族小女孩名叫长发妹，她住在荒凉缺水的陡高山下。

有一次，长发妹好不容易才给生病的母亲弄到一点水，她担水经过老榕树时，看到树的枝叶枯黄，就浇了些水，老榕树立刻变得全身碧绿。后来，长发妹在陡高山的崖壁上发现了一股泉水，她又惊又喜。忽然一阵黑风把她刮进山洞，山妖威胁她，不许把发现泉水的事告诉任何人，否则就把她杀死。

长发妹回到家中，她被山妖的威胁折磨得头发发白。为使乡亲们不被渴死，她终于下决心把泉水的事告诉大家。可是正当人们为得到泉水而欢乐时，山妖抓住了长发妹，命她站在泉眼下，千年万年被泉水冲刷，否则就叫全寨人活不成。

长发妹决定牺牲自己，当她来向老榕树告别时，老榕树变成一位老人，并把长发妹的头发覆到了一个和她一模一样的石人头上，令石人代替长发妹站到泉眼下。

谁知，山妖发现了石人。于是，老人给了长发妹一副弓箭，帮助她杀死了山妖。从此石人头上的长发变成了一条瀑布，寸草不生的陡高山变成了花果园，长发妹又长出了一头乌黑的长发。

汉字知识馆

在古代，交情很好的女生之间常常以姐妹互称，被叫作"手帕交"。很显然，这里的"姐妹"并不是指那些具有血缘、亲属关系的姐妹，而是指感情很好，就像亲姐妹一样的好朋友。原来，古代女子的手帕、香囊、饰品等都是她们比较私密的物品，不会轻易送给别人，因此能够交换这些私密物品的人往往是关系非常好的朋友。如古代女生在义结金兰，也就是结拜为姐妹时，就会互相交换手帕作为信物，用来证明彼此间的情谊，于是就有了"手帕交"的称呼。

第四组

男
动
力
勇

力 lì

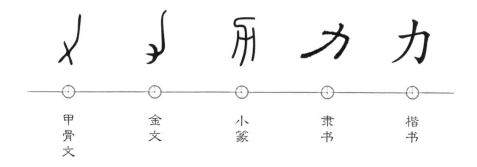

| 甲骨文 | 金文 | 小篆 | 隶书 | 楷书 |

古时候，人们很重视农业生产，把精力都放在农业上，这一点我们从"力"的甲骨文就可以看出来。"力"最早指古代一种翻土的农具"耒（lěi）"，也就是我们现在说的"犁"。因为耕田需要很大的力气，所以人们就用这个字来表示"力量"的"力"。

汉字故事馆

| 力能扛鼎 |

秦朝末年，有个人叫项羽，他身高八尺有余，力气大得能举鼎，才能也远超一般人，当地的青年都非常敬畏他。陈胜吴广起义后，项羽和叔父项梁在江南起兵。为了扩大力量，项梁派项羽去说服桓楚一起反秦。关于项羽是怎么说服桓楚的，民间有这样一个故事。

据说桓楚一开始并不准备和项羽一起反秦，于是便借机刁难项羽，趾高气扬地对他说："听说你力气大得能举鼎，我的院子中间就有一个千斤重的大鼎，你要是能把它举起来，我立刻带着兵马和你下山。"项羽欣然同意，同时提出先让桓楚手下四名健壮的大汉一起举鼎看看。然而那四个大汉用尽力气，大鼎却丝毫未动。到项羽举鼎时，只见他撩起自己的衣襟，大步走到鼎前，握住鼎足，大喝一声"起"，之前生了根似的大鼎竟被高高举起，甚至随着项羽的胳膊在空中三起三落。众人看到项羽真的能举起大鼎，都忍不住大叫了几声"好"。原本不想出兵的桓楚也心服口服，爽快地答应带领兵马跟从项羽起义。

汉字知识馆

　　秦武王身高体壮，重武好战，非常喜欢和别人比力气。二十三岁那年，秦武王带兵到洛阳参见周天子，看见东周的九鼎，就与部下比赛，看谁能举起来，结果没想到鼎是举起来了，但是一不小心砸断了自己的小腿，当天晚上就一命呜呼了。另一位史书上记载的大力士就是岳飞。我们都知道岳飞"精忠报国"的故事，但岳飞的谋略和勇武也一样很出名，《宋史·岳飞传》就曾经记载，岳飞在还不到二十岁的时候，就已经能拉开三百斤的弓了，这足以说明岳飞臂力惊人，是难得的大力士。

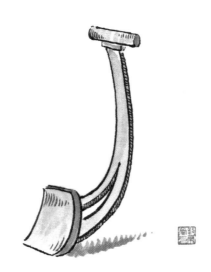

男

nán

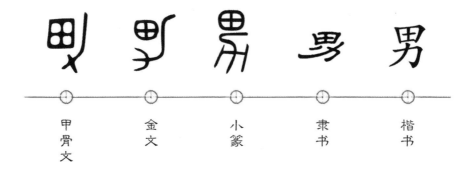

| 甲骨文 | 金文 | 小篆 | 隶书 | 楷书 |

"男"字上面是"田"，下面是"力"。因为古代农业技术不发达，很多农活都需要力气，而男人又比女人力量大，所以古时候一般是男人在田里劳动。

汉字故事馆

| 好男儿志在四方 |

鲁国的子高曾出游赵国，结识了赵胜门下的食客——邹文、季节。邹文、季节对子高非常友善，三个人相处得十分愉快，很快就成了好朋友。但快乐的时光总是短暂的，子高即将返回鲁国，不得不和赵国的朋友们告别。告别之后，邹文、季节两个人又送了子高三天三夜。即将分别时，邹文、季节十分伤心，泪流满面，而子高却只是拱拱手就转身离开了。

子高正式上路后，他的学生问他："先生您和这二位公子交好，彼此舍不得，不知道什么时候才能再见，这多让人伤心。然而您为什么拱拱手就走了？"子高却说："我一开始认为他们两个人是大丈夫，所以和他们交好，现在才发现他们不是我认为的那样。人应该有远大志向，哪能像猪、鹿一样经常聚在一起？"他的学生又问："是他们哭泣不对吗？"子高说："他们两个人是好人，有仁慈的心肠，可是在决断方面就显得有些不足了。"

后来，人们以这个"男儿四方志"的典故表示人应该有远大志向，慢慢地就有了"好男儿志在四方"的说法。

汉字知识馆

　　"男耕女织"是指男的种田，女的织布，形容辛勤劳动，也可以用来形容合家生产，怡然自乐。在我国古代的农村里，这是一种常见的生活方式。但你可不要以为在古代男的只管耕地，女的只管织布。当时的社会，人们生活中需要的东西几乎都由自己生产，所以男人除了耕田外，还要养牛、养猪，烧窑来制作锅、碗、瓢、盆等。而女人除了织布外，还要种菜、采摘等。在很多诗词、戏曲中，都有描绘男耕女织的场面，最有名的莫过于黄梅戏《天仙配》中的那句"你耕田来我织布，我挑水来你浇园"了。

男字

勇
yǒng

小篆　　　　　　隶书　　　　　　楷书

　　"勇"最早的时候也跟"力"有关，你看它的篆文，左边为"用"，表示读音，右边为"力"，因为古人认为力气大的人更勇猛。隶书时，左右结构的"勇"字变成了上下结构，但"力"还是形旁，"甬"还是用来表示读音。

汉字故事馆

| 勇冠三军 |

李广出生在一个军人世家。他们家族世代习射，家中始终保有一派军人作风。

李广最初是以良家子的身份参军的，因为他擅长骑射，杀敌颇多，很快就在一次反击匈奴的突然袭击中脱颖而出，开始得到重用，成为专门指挥骑兵的将军。

后来汉武帝登基，汉王朝开始对匈奴展开大规模反击。面对汉王朝的反击，匈奴人最忌惮哪一位将军呢？当然是李广了。据说李广在右北平当太守的那段时间，匈奴人都叫他"汉之飞将军"，好几年也不敢侵犯右北平。李广"飞将军"的名号也是在那时候传开的。

后来，汉武帝信赖的一些武将渐渐成长起来，他们和汉武帝一样，认为李广已经老了，能力也减弱了，所以他们有意打压李广，而军中一些别有用心之人也暗暗使坏，令皇帝对李广越来越不满。最后因为多重压力，李广愤而自杀，曾经"勇冠三军"的"飞将军"就此在历史卷轴上写下句号。

汉字知识馆

在清代，许多为国家服役的人根据分工的不同会被叫作"兵""勇"等。"兵"指军队，由八旗和绿营组成，八旗驻守在北京周边，绿营则因为数量多，分布在全国各地。"勇"是地方部队，主要听命于地方大员。

动

dòng

金文　　小篆　　隶书　　楷书

　　"动"字金文的上面是一只眼睛和一个利器，下面是一个"东"字，表示读音。后来为了强调需要力气，篆文的"动"字就在旁边加了一个"力"字。

汉字故事馆

| 食指动 |

一天早晨，公子宋和子家一起去朝见郑灵公。突然，公子宋的食指跳动起来，他便举着跳动的食指跟子家说："每次我的手指跳动，我都能吃到一些独特的美食。"

等到两个人一起进了大殿，看见宰夫正在处理楚国派人送来的大鳖，不由相视一笑。郑灵公见两个人都笑了，就问他们笑什么，子家便和郑灵公讲起了公子宋食指跳动果然灵验的事情。

然而等到鳖汤熬好，郑灵公派人找来公子宋，却不给他喝鳖汤，想要以此证明公子宋的食指不灵。公子宋没想到郑灵公会这么戏弄自己，他一气之下，竟然走到郑灵公的座位前，伸出食指，到郑灵公专用的鼎里蘸了一下，让自己的食指"尝了尝"那鳖汤就走了。

郑灵公看到公子宋竟敢把手指伸进自己的鼎里，藐视自己作为国君的权威，也很生气，就想把公子宋给杀了，没想到后来公子宋先发制人，郑灵公自己先被杀了。

为什么公子宋只是用手指蘸了鼎中的鳖汤，郑灵公就想把他杀掉呢？因为那时候的鼎是权力的象征，任何人不经君王允许随意蘸取鼎中之物，就是觊觎君王权力，是对君王的极大挑衅。

汉字知识馆

　　我国古代的体育运动内容丰富，有一项体育运动被称作"中国古代足球运动"，它就是蹴鞠。据史料记载，带有娱乐性的蹴鞠游戏早在战国时期就已经流行了。角力是中国古代摔跤运动，是人们用自身的力量去征服自然界的一项活动。除了这两项体育运动，我国古代有名的运动项目还有马球、捶丸、射箭、跳绳等。

第五组

门　问　间
开　关

门 mén

汉字小秘密

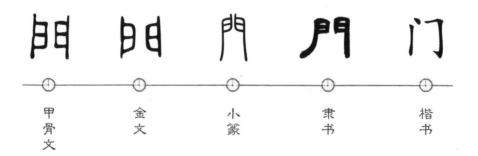

| 甲骨文 | 金文 | 小篆 | 隶书 | 楷书 |

"门"是个象形字，它的甲骨文就像一扇大门的样子，而金文和篆文也都延续了这个形状，没有太大变化，直到楷体简体的时候，才把两扇门的形状简化成了一个门框的样子，整个字的字形也更加简洁了。

汉字故事馆

| 班门弄斧 |

鲁班姓公输名班，因为是春秋时期鲁国人，所以后人都称他为鲁班。他是古代最著名的能工巧匠，直到现在，人们还都说鲁班是木匠的祖师爷。

有一个木匠非常自负，一天，他漫不经心地走到一个大红门的房子前，挥舞着自己手里的斧子，边比画边说："不管什么木料，只要用我的斧头这么一弄，就能做出漂亮无比的东西来。"这时，正好有一个人路过这里，听了他的话，就指着身后的大红门说："那你能做出比这两扇大门还好的东西吗？"这木匠傲慢地说："我做的不知道要比这个强多少倍呢。"于是，过路人就说："那好，只要你做得出来，我就雇你给我干活。"两人说定后，过路人就让木匠半个月后交活儿。

可是木匠回到家后，做来做去都觉得没那两扇大红门好。没办法，他只好找到那个人说："我做不出来，做这个大红门的人是谁啊，手艺可真高超！"那人听了哈哈大笑说："这两扇大红门是鲁班亲手做的，这下你知道厉害了吧。"那位木匠听完之后觉得十分惭愧，从此以后，他就开始踏踏实实地学习木匠手艺，不再吹嘘自己的本领了。

汉字知识馆

贴门联是中国古代民间习俗中非常有特色的一项活动。它不仅在春节等重大节日时出现，也广泛应用于日常生活中，充分体现了人们对美好生活的向往和对幸福家庭的祝福。

它的起源可以追溯到战国时期，当时的人们会在门上张贴寓意吉祥的字句，以此祈求家宅平安。随着时间的推移，门联逐渐演变成一种民间艺术，其制作和书写都充满了文学性和艺术性。

问
wèn

汉字小秘密

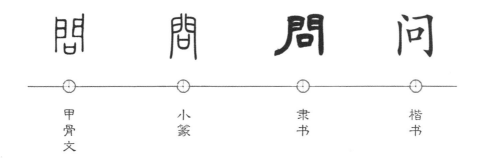

間	問	問	问
甲骨文	小篆	隶书	楷书

　　"问"的甲骨文的字形就像一个人站在"门"外，张口对着门内喊话，形象地表达了"问"的本义——询问。

汉字故事馆

| 不耻下问 |

春秋时期的孔子是我国著名的思想家、政治家、教育家，人们都尊称他为圣人。然而孔子认为，无论什么人，包括他自己，都不是生下来就有学问的，一定要好好学习、多提问题。

那时，卫国有个大夫叫孔圉，他虚心好学，为人正直。当时社会上有个习俗，当大官的人死后，朝廷会给他另起一个名字，这个名字就叫谥号。按照这个习俗，孔圉死后被封了一个"文"字的谥号，所以后来人们又叫他孔文子。

孔子的学生子贡听了很不服气，他认为孔圉也有不足的地方，于是就去问孔子："老师，虽然孔圉的学问和才华很高，但是比他更好的人有很多，孔圉凭什么被称为'文'呢？"

孔子回答："孔圉聪敏又勤奋好学，从来不因为向学问和地位比自己低的人请教而感到羞耻，因此，才可以用这个'文'字作谥号啊!"

子贡听了老师的话，低下了头，说："我也要向孔文子学习，不耻下问。""不耻下问"表示不以向地位比自己低、知识比自己少的人请教为可耻。

汉字知识馆

现在，我们见面时常常用"你好"作为问候语，那么古人见面时一般会问候些什么呢？原始穴居生活的人们见面时会问候"无它乎"。"它"是"蛇"最早的文字，上古时期，人们住在野外的洞穴里，经常受到野兽、毒蛇的袭击，因此见面时的问候语常常是"没有碰见蛇吧"。结束穴居生活后，人们面临的问题变成了疾病和伤痛，所以这时候见面的问候语是"无恙乎"。进入农耕时代，人们的生活环境有了很大的改善，人口越来越多，但因为农耕技术的落后，人们生产的粮食仅仅能够维持温饱，因此，"吃饭"是这一时期的主要问题，大家见面的问候语就变成了我们现在也常说的"吃了吗"。当然，"吃了吗"除了能表达问候者对对方生活的关心，还能表达对一个人能力的试探，如《史记》中赵王就用"廉颇老矣，尚能饭否"来试探廉颇的能力。

间

jiān

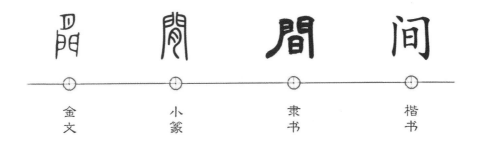

| 金文 | 小篆 | 隶书 | 楷书 |

"间"的金文上面是一个月亮，下面是一扇门，月光从两扇门板中间照进来，人们用这个场景来表达"间"的含义。后来人们发现日光也可以从门缝透进来，所以就把月亮变成了"日"。

汉字故事馆

| 间不容发 |

西汉的辞赋家枚乘，是吴王刘濞的谋士，他见刘濞积蓄力量准备反叛，便上书劝谏。原来，刘濞是汉朝开国皇帝刘邦的侄子。刘邦称帝后，把他的亲属分封到各地当诸侯王，并赋予这些诸侯王很大的权力。时间长了，诸侯王的势力渐渐养成，不愿再受朝廷管控，成了朝廷的严重威胁。为了解决这些威胁，文帝、景帝两代帝王开始慢慢削减诸侯王的封地。而作为诸侯王的刘濞对此非常不满，就想谋划造反，而这引起了枚乘的注意。

枚乘上书分析了反叛的严重后果。他举例说："如果在一根线上吊千钧（古代三十斤为一钧）重物，这重物悬在空中，下面是无底的深渊，那最笨的人也知道它是极其危险的。接着他又指出，马刚受到惊吓就再次打鼓吓它，线将断开又吊上更重的东西，这两者危险程度相近，中间容不下一根头发。请大王深思。"

可惜的是，尽管枚乘以及其他一些谋士反复劝谏，吴王刘濞还是不听，一心想要谋反，于是枚乘等人离开刘濞，投奔了梁孝王刘武。后来，人们就用"间不容发"来比喻时间紧迫，情势危急。

汉字知识馆

伯仲之间是一个成语，伯表示老大，仲表示老二，意思是在老大和老二中间，比喻差不多，难分优劣。古人经常把自己在家里的排行放进姓名的称谓里，伯是老大，仲是老二，叔是老三，季是最小的。周文王姓姬，他的大儿子叫考，称他为伯邑考，伯就是嫡长子的意思。比如孔子名丘，字仲尼，别人一看就知道，孔子是他们家的二儿子。除了伯、仲、叔、季外，表示排行的还有一个字——孟。在春秋战国时期，"孟"也用来表示兄弟姐妹中排行老大的人。比如哭倒长城的孟姜女，你千万不要以为她姓孟，姜才是她的姓，孟姜女的意思是"姜家大姑娘"。

开

kāi

小
篆

隶
书

楷
书

　　"开"字的篆文，外面是一扇门的形状，表示"开"这个动作的对象，里面是一个门闩分成的两半。古代的大门是从里面用门闩关上的，要想开门，就要先用手把门闩拉开。隶书后，横状的门闩连在一起，变成了"开"字。后来简化这个字时，直接省去了外面的门，只保留了里面的"开"字，"开"字就变成了我们现在见到的这个样子。

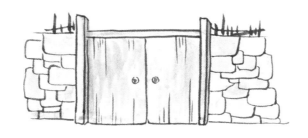

汉字故事馆

| 开卷有益 |

宋朝初年，宋太宗赵光义酷爱读书。为了能从古人的著作中汲取智慧，他特地命令文臣李昉搜集天下书籍，并召集一大批学者从书中摘录出精彩的文章和论述，最终汇总成一部大书。因为这部书是宋朝太平兴国年间编成的，所以命名为《太平编类》。

《太平编类》这部巨著编撰成功后，宋太宗无比高兴，他要求自己每天都阅读三卷。有时由于政务繁忙，宋太宗的读书计划无法完成，他就会想办法利用空闲的时间弥补，赶上进度。宋琪等大臣认为宋太宗每天读三卷《太平编类》太劳神，宋太宗却说："我本来就喜欢看书，更何况只要打开书本，总会有好处的，因此并不觉得累。"他还说："有些学者一年能读万卷书，这部书有一千卷，我一年把它看完应该不难。"不久，宋太宗果然将这部书看完了，这部书也改名为《太平御览》。

后来人们就用"开卷有益"来比喻读书总会得到好处，并以此鼓励人们多读书。

汉字知识馆

《天工开物》是由明代著名科学家宋应星编撰的科学技术著作，全书共十八卷，涉及了农业、手工业，记载了明朝中期以前中国古代的各项技术，比如机械、砖瓦、陶瓷、硫黄、烛、纸、兵器、火药、纺织、染色、制盐、采煤、榨油等生产技术。《天工开物》是世界上第一部关于农业和手工业生产的综合性著作，是中国科技史料中保留最为丰富的一部，向后人展示了明朝时期人们的劳动生产情形。有人也称它是一部百科全书式的著作，外国学者称它为"中国17世纪的工艺百科全书"。

关

guān

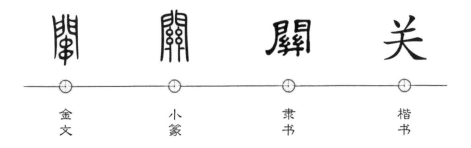

金文　　　小篆　　　隶书　　　楷书

如果说"开"是把门拉开，那"关"就是把门合上。怎么把门合上呢？在门中间加个顶住大门的棍子就可以了，"关"字的金文中间的"𢎘"不是"串"字，而是指把一根棍子放在两个门闩的中间，表示只有这样才可以让大门紧紧地关上。

汉字故事馆

| 过五关，斩六将 |

"过五关，斩六将"是《三国演义》中描写关羽忠肝义胆的一个情节，也是关羽的重要战绩之一。

建安五年，曹操率领二十万大军大败刘备，刘、关、张三兄弟在下邳失散。其中关羽被曹操的军队包围。曹操非常欣赏关羽的英勇，希望招降他，于是就派了和关羽关系很好的张辽去游说他。关羽为了保护刘备的夫人不被侵犯以及与张辽的情谊，同意暂时归降曹操，但也提出了几点要求：一是降汉不降曹；二是要确保刘备的夫人的安全；三是如果有了刘备的消息就要立即离去，曹操不能阻拦。

曹操爱才心切，尽管心里不是很满意，但还是同意了，他希望自己的真诚能够打动关羽，让他真心归降。在"归降"曹操的日子里，关羽受到了极高的待遇，他被封为偏将军，收获了许多金银财宝，甚至得到了难得的千里马——赤兔马。

突然有一天，关羽得到了刘备的消息，准备向曹操请辞，但曹操故意没有见他。没办法，关羽只能不辞而别。因为没有得到曹操的手谕，关羽一路上遭到了层层拦阻，但关羽凭借一己之力，过了五个曹操掌管的关隘，斩杀孔秀、韩福、孟坦、卞喜、王植、秦琪六名守关将领，最终与刘备会合，书写了"过五关，斩六将"的传奇。

汉字知识馆

古人很早就发明了锁这个工具。比如，木锁是门闩的一种变体。门闩因为只能在门里面操作，人们出去时就没办法锁门了，所以古人发明了木锁。木锁由两部分组成：钉在两边门上的木档和一条木栓。

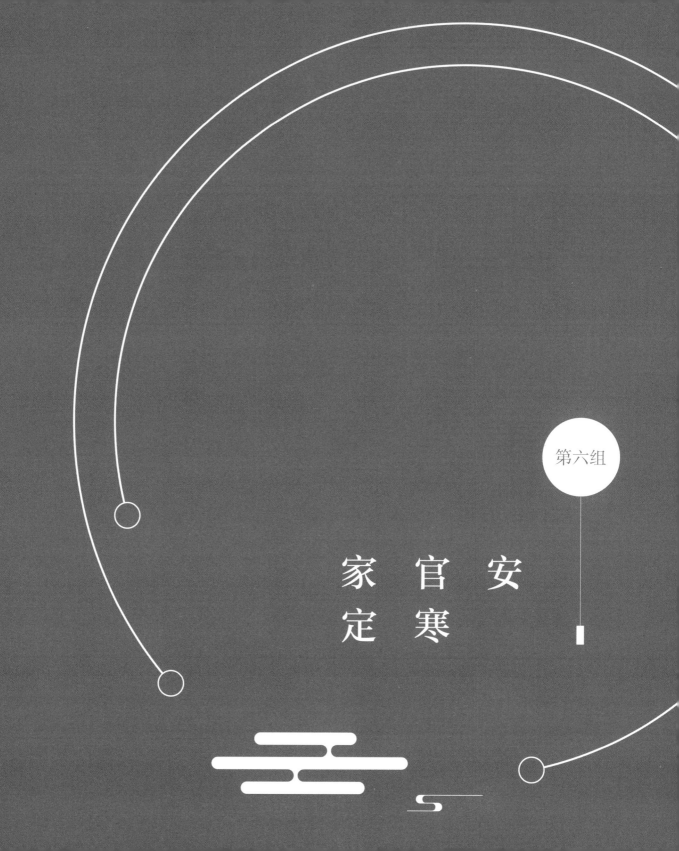

第六组

安官家
寒定

家

jiā

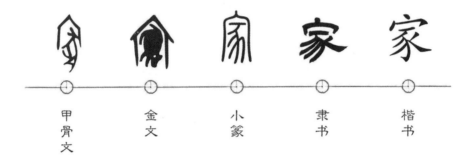

| 甲骨文 | 金文 | 小篆 | 隶书 | 楷书 |

单从字形上来看，我们会发现"家"字最开始跟人没有多大关系。它的甲骨文上面是一个表示房子的洞穴，下面横躺着一只猪。为什么家里面不是人而是猪呢？古时候，圈养的猪能提供食物，所以，有自给自足的食物的居所就是家。

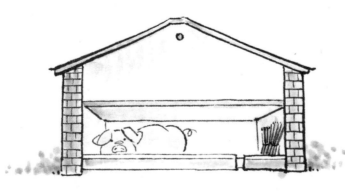

汉字故事馆

| 家徒四壁 |

司马相如是西汉初年的一位文人，他的辞赋写得很好，可惜当时的汉景帝刘启对辞赋并不感兴趣，所以司马相如没有受到重用，家里也很穷。

有一天，大财主卓王孙邀请临邛令和司马相如到家里赴宴，喝到兴起，临邛令便请司马相如弹琴。当时卓王孙的女儿卓文君也在场，她被司马相如的琴声打动，两人互生爱慕，趁着夜色一起回了相如成都的家中。

虽然司马相如的家中除了四面光秃秃的墙壁，什么都没有，可是卓文君不在乎，她愿意跟随司马相如过艰苦的生活。但两人在成都没有收入，日子着实不好过，于是卓文君建议司马相如和她一起回临邛，做些小买卖维持生计。他们靠着朋友的帮助，开了一家小酒馆，文君卖酒，司马相如干杂活，没多久，邻居们都知道卓王孙的女儿居然在街上卖酒！卓王孙本来很看不起贫穷的司马相如，也很生气女儿离家出走嫁给司马相如，但他为了面子，还是送给卓文君、司马相如一百名仆人和一百两黄金，让他们购买田产、房屋。

后来汉武帝继位，汉武帝读了司马相如的文章，十分赞赏，把他召进京去，授予他官职，司马相如从此远近闻名，卓王孙再也不敢瞧不起他了。

汉字知识馆

先秦时期是中国古代思想最开放的时期，那时还处于奴隶社会，很多制度还不成熟，但是却出现了众多的思想流派。各流派都有自己的代表人物，也有着各自的思想学说，被称为"诸子百家"。诸子百家中流传广泛的是儒家、法家、道家、墨家、阴阳家、名家、杂家、农家、小说家、纵横家、兵家、医家。这些流派的代表人物中，以"先秦七子"最为著名，他们分别是儒家的代表人物孔子、孟子、荀子，墨家的代表人物墨子，道家的代表人物老子、庄子，以及法家的代表人物韩非子。当时诸子百家纷纷著书讲学，广收门徒，互相论战，出现了学术上的繁荣景象，后世称为"百家争鸣"。

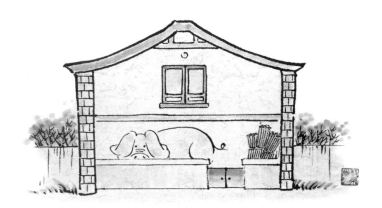

官

guān

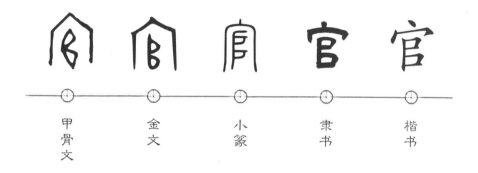

| 甲骨文 | 金文 | 小篆 | 隶书 | 楷书 |

"官"字的甲骨文外面的"∩"是一个房子，里面的"ẟ"指的是旅途中休息的地方，也就是客店。到了隶书，外面的房子变成了"宀"，里面的"ẟ"写成了更规范的"目"。"官"最早是指地方，而不是指人，直到后来人们从中引申出官职的意思，"官"才开始用于表示官员。

汉字故事馆

| 新官上任三把火 |

人常说"新官上任三把火",可是你知道这究竟指的是哪三把火吗?这就得从《三国演义》中的诸葛亮说起了。

刘备三顾茅庐请到诸葛亮后,诸葛亮便展现了他的军事才能。他们打的第一仗就是博望坡之战,这一战诸葛亮火烧曹军十万之众,是诸葛亮上任的第一把火。

后来,曹操亲自带大军进攻新野,诸葛亮知道刘备还不是曹操的对手,于是主动撤出了新野城。但是走的时候诸葛亮在城中埋了许多引火的材料。曹操看到新野城门大开,空无一人,以为刘备吓破了胆逃跑了,于是命士兵们住进了城里。结果半夜起火,烧得曹军溃不成军。这是诸葛亮上任的第二把火。

接下来,刘备联合东吴的孙权抗曹,爆发了赤壁之战。在这一战里,诸葛亮与周瑜一起想到用火攻,然后他又想出草船借箭的法子,"借"来了十万支箭。东风来后,火攻开始,这一把火彻底把曹操大军烧怕了,几十万大军只剩下二三十人落荒而逃,这是诸葛亮上任的第三把火。

于是"诸葛亮上任三把火"这句话就开始流传开来,成为"新官上任三把火"的原型。

汉字知识馆

　　我们对于"丞相"这个官职一定不陌生，丞相的地位很高，是"一人之下，万人之上"的"百官之长"。但地位高、权力大的丞相总是让历朝历代的皇帝头疼，一方面，丞相的确能为皇帝分担不少政务，减轻皇帝负担；另一方面，因为权力太大，丞相的存在总是威胁到皇权。因此，皇帝们为了稳固皇权，对丞相这个官职进行了很多次的变革，单是这一官职的名称就有很多种变化，先后出现过相国、司徒、参知政事等官名。随着历史的发展，丞相的权力渐渐被削弱，到了明朝，丞相一职直接被废除。虽然后世也有设置相当于丞相的官职，但实际权力还是掌握在皇帝手中，"丞相"也就没有过去那样威风了。

安 ān

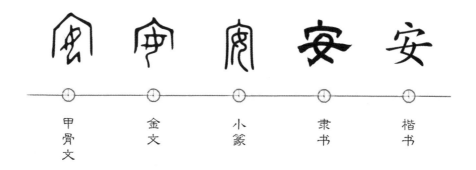

| 甲骨文 | 金文 | 小篆 | 隶书 | 楷书 |

甲骨文的"安"字是一个女子安静地坐在一间屋子里。"安"的本义是安宁、安定。

汉字故事馆

| 安步当车 |

战国时期，齐国有位隐士名叫颜斶（chù），齐宣王听说他很有名，就召见了他。

颜斶进宫后，齐宣王傲慢地说："颜斶，你过来！"颜斶不卑不亢地对齐宣王说："大王，你过来！"齐宣王很不高兴，颜斶便说："如果我走到大王面前去，说明我羡慕大王的权势；如果大王走过来，说明大王礼贤下士。与其让我羡慕大王的权势，还不如让大王礼贤下士。"

齐宣王恼怒地问他："到底是大王尊贵，还是士人尊贵？"颜斶说："当然是士人尊贵！从前秦国进攻齐国的时候，秦王下令，在柳下惠坟墓五十步以内的地方砍柴，格杀勿论；砍下齐王脑袋的人则赏金万两。由此可见，一个活着的大王的头，还抵不上一个死去的士人坟墓呢。"

后来，颜斶又以古代圣贤和《周易》《老子》举例，说明了英明的君主都深知士人的可贵，齐宣王觉得自己理亏了，甚请求做颜斶的学生，并说："您和我在一起，食有美味，出必乘车。"颜斶毫不动心，坚决辞谢："我每天晚点儿吃饭，也像吃肉那样香；慢慢地走路，就当是坐车一样；不犯罪过，就是保持自己的尊贵。清静无为，纯正自守，乐在其中啊！"颜斶说罢，就告辞离去了。

汉字知识馆

　　长安是十三朝古都，是中国历史上建都朝代最多、建都时间最长、影响力最大的都城，居中国四大古都之首。在长安建都的朝代中，周、秦、汉、隋和唐都是中国历史上的强盛时期。

定 dìng

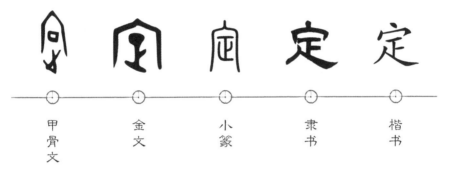

| 甲骨文 | 金文 | 小篆 | 隶书 | 楷书 |

"定"字的甲骨文由"∧"和"（正）"组成。"∧"是一个房子的顶部；"ʃ"的下面是一个"ʃ（止）"，同"趾"，表示"脚"的意思。

095

汉字故事馆

| 三箭定天山 |

薛仁贵是唐朝一个很有名的将军。公元661年，唐高宗李治任命郑仁泰为主将，薛仁贵为副将，让他们带领军队赶去天山攻打九姓铁勒（九个部落联盟）。

当时九姓铁勒听到唐朝皇帝派兵攻打他们后，就聚集了十余万的人马抵抗，并且主将命令几十名骁勇的骑兵前来挑战。深谙兵法中"上策攻心"的薛仁贵就在阵前射了三箭，三声弦响过后，只见三名骑兵应声而倒！

其余骑兵被薛仁贵的神威吓得魂飞魄散，他们个个都不想死，于是纷纷下马请降。薛仁贵乘势追击，大败九姓铁勒。这还不算完，为了漂亮地完成任务，薛仁贵又越过碛北去追击铁勒败走的敌军，并生擒了叶护（首领）兄弟三人。

这场战役打完后，薛仁贵的军队中就到处传颂着他的威名："将军三箭定天山，战士长歌入汉关。"想一想这仗打得多漂亮啊，战争本来是艰苦残忍的事情，但是士兵能唱着歌回家，这足以说明他们的喜悦之情。

汉字知识馆

　　词牌名是词的一种制式曲调的名称，有固定的格式与声律，"定风波"就是一个非常有名的词牌名。下面我们就来欣赏一下苏轼的《定风波·莫听穿林打叶声》吧！

定风波·莫听穿林打叶声（节选）

［宋］苏轼

　　莫听穿林打叶声，何妨吟啸且徐行。竹杖芒鞋轻胜马，谁怕？一蓑烟雨任平生。

　　释义：不用在意那穿林打叶的雨声，不妨一边吟咏长啸着，一边悠然地前行。竹杖和草鞋轻便得胜过快马，有什么可怕的？一身蓑衣任凭风吹雨打，（我）照样过我的一生。

寒
hán

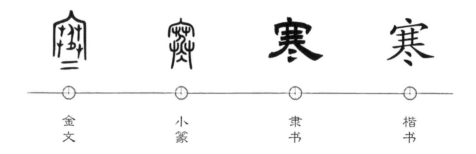

| 金文 | 小篆 | 隶书 | 楷书 |

我们现在觉得寒冷时可以用棉花、羽绒保暖，但是古时候，人们可没有这么好的条件，那他们是怎么御寒的呢？古人还是很聪明的，他们选择用随手可得的茅草堆满屋子，把寒冷挡在外面。所以"寒"字的金文就是一间房子里面站着一个人，旁边堆着很多茅草，以此来表示寒冷。

汉字故事馆

| 唇亡齿寒 |

春秋时期，晋献公借口虢国经常侵犯晋国的边境，要派兵消灭虢国。可是晋国和虢国之间隔着一个虞国，讨伐虢国必须经过虞国。晋献公问手下的大臣："怎样才能顺利通过虞国呢？"大夫荀息说："虞国国君是个目光短浅、贪图小利的人，只要我们送他价值连城的美玉和宝马，他不会不答应借道的。"于是晋献公采纳了荀息的计策。

虞国国君收到晋国送来的礼物，顿时心花怒放。他听荀息说要借道虞国攻打虢国，当时就答应下来。虞国大夫宫之奇听说后，赶快阻止道："不行，虞国和虢国是近邻，万一虢国被消灭，我们虞国也就难保了。就像没有嘴唇，牙齿就会感到寒冷一样啊！"虞国国君说："人家晋国特意送来美玉宝马和咱们交朋友，难道咱们借条道路让他们走走都不行吗？"宫之奇知道虞国很快就要灭亡了，于是就带着家人离开了虞国。后来，晋国军队借道虞国，消灭了虢国，随后又把亲自迎接晋军的虞国国君抓住，灭了虞国。

之后人们就总结了"唇亡齿寒"这个成语，用来比喻双方关系密切，利害相关。

汉字知识馆

　　大寒，是我国二十四节气中的最后一个节气。大寒同小寒一样，也是表示天气寒冷程度的节气，顾名思义，大寒是一年中天气最冷的节气，因此俗语有云："小寒大寒，冻成一团。"不过我国长期以来的气温记录显示，在北方地区，大寒往往是没有小寒冷的；但在南方的大部分地区，最冷的节气还是大寒。在我国一些地方，每到大寒至立春这段时间，很多人家都会除旧布新、制作腊味以及举办尾牙宴等，进行一些很有代表性的民俗活动。

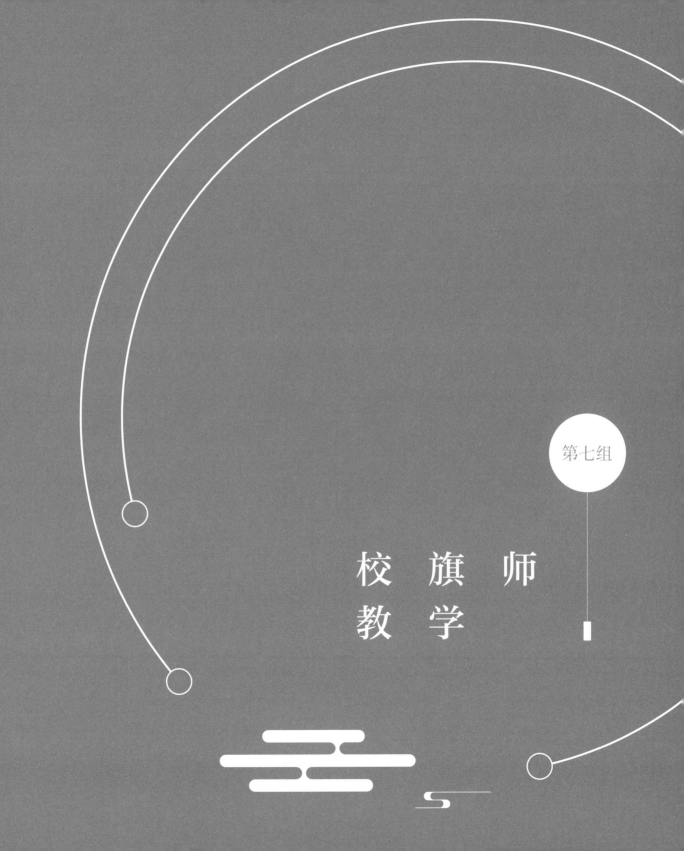

第七组

校　旗　师
教　学

校

xiào

小篆　　　　　隶书　　　　　楷书

　　"校"字由"木"和"交"组成，"交"字是声旁，表示读音，"木"指木头，"校"和木头有什么关系呢？其实，"校"最开始并不是指学校，而是指古代用来拘押犯人的木枷，所以"校"就是"木"字旁啦。因为木枷有通过强制手段纠正的意思，所以后来"校"字引申为训导、教化学生的场所，也就是学校。

汉字故事馆

| 中国历史上第一所地方官办学校 |

西汉年间，中国历史上第一所地方政府官办学校成立了。

汉景帝后期，文翁担任蜀地郡守。当时蜀地的民风比较野蛮落后，但文翁没有放弃治理，反而决定从教育入手，慢慢地改变当前的状况。他在成都修建了一所"学宫"，也就是我们现在所说的"中国历史上第一所地方官办学校"。

根据史书的记载，这所学校在创建初期的规模并不大，因为是用汉白玉或花岗岩建造的，所以称为"石室"，慢慢地，"文翁石室"便成了文翁所办学校的代称。

考虑到蜀地的经济条件，文翁把家庭条件差的青年招收为学宫弟子时，还免除了他们的徭役。同时，他让学宫中学问高的弟子增补郡县官员的空缺，学问稍次的主管德行教化，想办法解决他们的工作问题。文翁还经常选出一些学宫中的青少年在自己身边做事。每次到各县巡查时，他还会从学宫的学生中选一些通晓经书、品行端正的一起去，让他们帮忙宣传教化的法令。各县的官民都以成为学宫弟子为荣耀，抢着到学宫学习，一些有钱人甚至还想花钱成为学宫弟子。

就这样，蜀地的民风得到改善，蜀地到京城求学的人数甚至和齐鲁之地的一样多。到汉武帝时，全国的郡县都设立学宫，有人就说学宫是从文翁开始创立的，称"文翁石室"为中国历史上第一所地方官办学校。

汉字知识馆

中国古代的学校是按照礼制和规模来称呼的，比如周王朝时期，周天子专门为贵族子弟所设的学校，叫"辟雍"，辟雍是在诸侯之上的、最高层的皇家子弟学校，是最高学府。

随着周王朝的统治逐渐衰微，教育制度发生了很大的变化，开始出现一些私人设立的学校，叫作"私塾"，"私塾"的出现让更多的孩子有了读书的机会。

校

旗

qí

小篆　　　　　　隶书　　　　　　楷书

　　"旗"是一个形声字，最早见于战国时期的文字。"旗"的本义是指有龙纹、熊虎等图案的军旗，后来泛指各种不同类型和用途的旗帜。

汉字故事馆

| 旗鼓相当 |

东汉时，汉光武帝刘秀虽然建立了东汉王朝，但边远地区尚未完全统一，其中拥有最大势力的是公孙述和隗嚣。刘秀为了孤立公孙述，设法拉拢隗嚣，而隗嚣为了寻找政治出路，便向东汉称臣。于是刘秀让大司徒邓禹封隗嚣为西州大将军。后来隗嚣又为东汉王朝立了些功劳，所以刘秀起初很信任他。

为了阻止盘踞四川的公孙述势力向外扩展，刘秀给隗嚣写了一封信，希望他能够凭借自己的兵力，堵截公孙述的进犯。他在信中说："我现在在东方忙于作战，大部队都集中在那里，西方兵力薄弱。如果公孙述出兵汉中，进犯长安，我希望能够借助将军的兵马和旗鼓，和他较量一番。倘能如此，那么，双方的力量就相差无几了。"隗嚣接受了刘秀的意见，与刘秀共同出兵，把公孙述打得落荒而逃。

刘秀信中这样写道："如令子阳到汉中、三辅，愿因将军兵马，鼓旗相当。"

"鼓旗相当"后来演变为"旗鼓相当"，用来比喻双方力量不相上下。

汉字知识馆

　　中华人民共和国国旗是五星红旗，是中华人民共和国的象征和标志。旗面为红色，旗面左上方缀五颗黄色五角星。每个公民和组织都应当尊重和爱护国旗。

师

shī

| 甲骨文 | 金文 | 小篆 | 隶书 | 楷书 |

　　提起老师，大家都知道这是个受人尊敬的职业，其实，"师"最早是指军队，古文里记载二千五百人为师。"师"的甲骨文是"𠂤"，金文又在旁边加了"帀（币）"，后面的篆文和隶书都延续了金文字形。到了简体字时，才简化成我们现在的"师"字。

汉字故事馆

| 尊师重道 |

东汉时期，有一位名叫魏昭的人，他在童年求学的时候，看到了郭林宗，心想这是一位难得的好老师，便对人说："教念经书的老师是很容易请到的，但是要请到一位能教人成为老师的人，就不容易了。"

后来，魏昭就拜郭林宗为老师，在他左右侍奉。有一次，郭林宗身体不适，要魏昭亲自煮粥给他吃。魏昭听到郭林宗的吩咐，马上就去煮粥。当魏昭端着煮好的粥进门时，郭林宗却苛责他煮得不好。魏昭没有生气，也没有辩驳，马上又去煮了一次。这样一连三次，魏昭没有任何生气的神情时，郭林宗这才笑着说："我以前只看到你的外表，今天终于看到你的真心啦！"

从那以后，郭林宗开始善待魏昭，将毕生所学都教给了魏昭，而魏昭最后也成了历史上知名的学者。

汉字知识馆

相传孔子有弟子三千人，其中贤能出众的弟子就有七十二人，比较有名的弟子有颜渊、子贡、冉有、子路、子游等。孔子一生中有一大半的时间都在从事传道、授业、解惑的教育工作。他广收弟子，总结了一系列完善的学习方法。他还提出了一系列有深远影响的教育思想，并以良好的师德收获了人们的认可，被后世尊为"万世师表"。

教

jiào

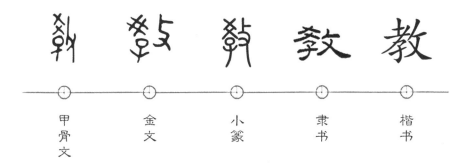

| 甲骨文 | 金文 | 小篆 | 隶书 | 楷书 |

　　"教"的甲骨文右边是" （攴）"，指的是老师的戒条，左边的" "由" （子）"和" （爻）"组成，"子"表示受教的人，也就是学生；"爻"是声旁，表示读音。

汉字故事馆

| 孺子可教 |

张良是西汉初期著名的谋士。他年轻时，曾计划刺杀秦始皇，刺杀失败后就逃到乡下隐居起来。

有一次，张良在一座桥上遇到一位老人。老人走到张良前面，故意把鞋子掉到了桥下，然后回头对张良说："小伙子，去帮我把鞋子捡上来吧。"张良听了非常吃惊，甚至想要打那老人，只是想到那老人年长，还是忍着怒气把鞋子捡了上来。没想到老人又对张良说："给我穿上。"张良想着捡都捡回来了，就跪下来帮老人把鞋子穿上了。老人穿上鞋，笑着走了，张良就目送他离开。老人走出去一里地左右，又回来对张良说："孺子可教，五天后的早上你来桥上见我。"

五天后，张良一大清早就去了桥头，可是老人已经在桥上了，见张良来了还责备他说："你居然比我来得还晚，五天后再来。"五天后张良还是晚了。于是又过了五天，张良不到半夜就去桥上等，不一会儿老人来了，高兴地把一部《太公兵法》赠给张良，让他认真学习。张良得到兵书后认为这件事很奇异，回到家中便日夜研究兵书。后来，张良成了汉朝的开国功臣。

汉字知识馆

　　孔子曾提出过"有教无类"的主张，它是孔子教育思想中最重要的部分。孔子是历史上第一个办私学的人，打破了只有贵族能上学的规则，认为人人都可以接受教育，应该一视同仁对他们进行教导。他收弟子不分阶级、不分地域、不分智愚，只要肯虚心向学，他都会认真教导。比如在他的弟子中，颜回、子贡的学习能力较强，而高柴、曾参的学习能力较差，但经孔子的教育，他们最终都成为优秀的学生。再比如颜回好学，宰予懒惰，但孔子将他们都招为学生，悉心教导。孔子的学生中，有比孔子小几岁，也有比孔子年长几十岁的，他们后来也都成为孔子学生中比较有名的人物。

学

xué

汉字小秘密

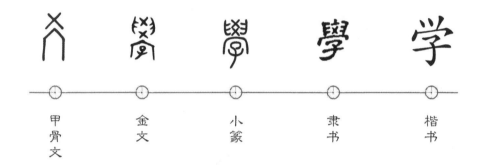

| 甲骨文 | 金文 | 小篆 | 隶书 | 楷书 |

　　"学"字的甲骨文由"✕"和"∩"组成，上面的"✕"是"爻（yáo）"的简化，寓意知识无穷无尽，下面的"∩"像个房子，表示学习的地方。随着汉字的发展，金文阶段的"学"字在房子里增加了个"ℱ"代表孩子们，使"学"的含义更加具体和完整。

汉字故事馆

| 邯郸学步 |

燕国寿陵有一位少年，他非常缺乏自信心，经常无缘无故地感到低人一等——衣服是人家的好，饭菜是人家的香，站相坐相也是人家高雅。他见什么学什么，却学一样丢一样，始终没能做好一件事。

家里人劝他，他却根本听不进去。日久天长，他越看越觉得自己走路的姿势太丑。有一天，他在路上碰到几个人说说笑笑，只听得有人说邯郸人走路姿势非常美。他一听，急忙走上前去，想打听个明白。不料，那几个人看见他，一阵大笑之后扬长而去。邯郸人走路的姿势究竟怎样美呢？他怎么也想象不出来，这成了他的心病。终于有一天，他瞒着家人，跑到遥远的邯郸学走路去了。

一到邯郸，他感到处处新鲜，简直令人眼花缭乱。看到小孩走路，他觉得又活泼又美，要学；看见老人走路，他觉得稳重，要学；看到妇女走路摇摆多姿，也要学。就这样，到最后，他连走路也不会了，路费花光后，只好爬着回去了。

后来人们就用"邯郸学步"来比喻模仿别人不成，反而丧失了原有的技能。

汉字知识馆

你知道吗？在古代，也是有小学的。不过，那时的"小学"和现在的"小学"可不是一个意思。古代的小学又称中国传统语文学，是古代学童入学后最先学习的内容。古代小学的主要目的是让学童识字，掌握字形、字音、字义，学会使用文字。周朝儿童入学，所学"小学"的主要内容是"六甲六书"，"六甲"指儿童练字用的笔画较简单的六组以甲起头的干支；"六书"即指事、象形、形声、会意、转注、假借这六种造字方法。可见，小学是古代学生的基础教育，主要学习的是文字，所以，小学在古代也是文字学的别称。

包 书 尺
本 笔 册

包

bāo

汉字小秘密

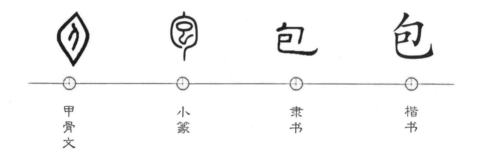

甲骨文　　　小篆　　　隶书　　　楷书

　　"包"字的甲骨文看起来就像有一个"$\rangle$（人）"被包裹在"$\Diamond$"里面。小篆时更形象了，里面是一个蜷缩的胎儿"$\mathcal{S}$"。所以，"包"是"胞"的本字，本义为胎胞。现在我们将"包"引申出裹等意思，比如包裹等。

汉字故事馆

| 包藏祸心 |

公元前541年，楚国的公子围在副手伍举的陪同下带了许多兵马到郑国去迎亲。原来，郑国是小国，楚国是大国，郑国想与楚国交好，以便依靠它的力量与别的诸侯国抗衡。为此，大夫公孙段把女儿许给了楚国的公子围。

执政大夫子产见公子围带了许多兵马来迎亲，担心他乘机侵袭，便不让公子围等人住进城里的馆舍，并派子羽（公孙挥）对公子围说："敝都的馆舍狭小，容纳不下您这么多的随从，就请您住在城外，并举行迎亲仪式吧。"

公子围对此很不满意，命太宰伯州犁对子羽说："敝国这次迎亲极为隆重，出发前摆了宴席，在宗庙中进行了祭告。如果在野外举行迎亲仪式，就是把贵君的恩惠赐到草丛里去了，我们也就欺骗了先君，不能再当大臣，也不能回去了。请大夫再考虑一下。"

子羽说："我们郑国小，但国小并没有罪过，倒是依靠大国而不设防备，那才是罪过。我们本想通过联姻使自己的国家得到安宁，而楚国作为大国却怀着害人之心来打我们弱小的郑国的主意，这是行不通的。"后来人们根据这个故事概括出成语"包藏祸心"，比喻心里藏着害人的主意。

汉字知识馆

包子是中华传统美食之一，在我国有着悠久的历史，据《事物纪原》记载，包子的雏形是由诸葛亮发明的。相传，诸葛亮想率领大军渡过泸水，但当地有习俗，需要祭祀人头才能渡河。诸葛亮便将牛羊肉剁成肉酱拌成肉馅，在外面包上一层面粉，做成人头的模样。祭祀后大军顺利渡河，这种祭品就被叫作"蛮首"，也叫作"蛮头"，后来称为"馒头"。到了宋朝，北方一些地区开始将"馒头"改称为包子，而"馒头"则渐渐成为没有馅儿的面食的名称。

书 shū

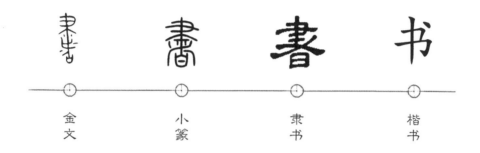

金文　　　小篆　　　隶书　　　楷书

　　"书"不光可以指书本、书籍，还有书写的意思，这一点我们从它的金文就可以看出来：上面是个"聿"字，是手拿着笔的样子，在这里表示书写的笔；下面是个"者"字（古音近"诸"），是"书"的声旁，表示读音。

汉字故事馆

| 罄竹难书 |

隋朝末年，有一个人叫李密，他生性聪明机灵，受父亲的荫庇做了左亲侍。

一天，隋炀帝结束了早朝，当他不经意地扫视仪仗队时，发现一个皮肤黝黑的少年正左右顾盼。回到宫殿后，隋炀帝问宇文述："刚才在队列左下角的那个黑脸少年是谁？"宇文述回答说："他是已故蒲山公李宽的儿子，叫李密。"隋炀帝说："这个少年顾盼的神态很不寻常，别让他在宫里担任宿卫。"

后来，宇文述对李密说："贤弟天资这么好，应该凭才学获得官职，宫廷警卫是个琐碎差事，不是培养贤才的地方。"李密听了这些话非常高兴，于是借病辞职，从此发愤读书。没几年，天下大乱，李密投奔了瓦岗农民起义军，后来又坐上了首领的位置。在进攻隋朝都城洛阳的时候，李密发布了一篇讨伐隋炀帝的文章。文章在一条条列出隋炀帝的十大罪状之后总结道：把终南山所有的竹子砍来制成竹简，也写不完杨广的罪过；用尽东海的滔滔大水，也冲洗不清他的罪恶。

后来成语"罄竹难书"就被用来形容事实极多难以写尽（多指罪恶）。

汉字知识馆

　　《四库全书》的全称是《钦定四库全书》，是由乾隆帝主持，纪昀（纪晓岚）等360多位学者编撰，3800多人抄写，耗时十三年才完成的。《四库全书》分经、史、子、集四部，所以叫"四库"，共收录了3462种图书，共计79338卷。

　　《四库全书》是中国古代最大的文化工程，对中国古典文化进行了一次最系统、最全面的总结，可以称为中华传统文化最丰富、最完备的集成之作。中国文、史、哲、理、工、农、医，几乎所有的学科都能够从中找到源头和血脉。

尺
chǐ

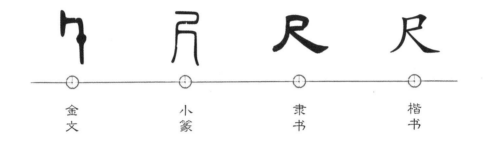

金文　　　　小篆　　　　隶书　　　　楷书

　　"尺"是长度单位，古代的度量多以人体的部位长度为标准，所以"尺"的金文字形从"人"，加点指明以人身上肢尺骨或下肢胫骨长度作为参照。（《说文解字》："周制，寸、尺、咫、寻、常、仞，诸度量皆以人之体为法。"）现在我们也把测量长度的工具叫作"尺"，如钢尺、卷尺。

汉字故事馆

| 让邻三尺 |

"让邻三尺"的故事源自明朝人写的一首诗《诫子弟》，后来被写成民间传说故事《六尺巷传说》。这个故事流传甚广，版本也很多，但最有名的还是《桐城县志》记载的版本。

据说，清朝康熙年间，文华殿大学士兼礼部尚书张英老家的府邸与一个吴姓人家相邻，吴姓这家人盖房子时，想要占张家的空地，张家人不同意，于是双方就吵了起来，甚至告到了县衙。因为两家都是高官望族，县官不好明着偏袒哪一方，但他心里是向着张家的，于是就说听张相爷的。张家人听到这儿，连忙派人去京城送信，让张英打招呼"摆平"吴家。张英收到老家人的来信，了解了事情的始末，就给老家人写了一首诗："一纸书来只为墙，让他三尺又何妨。长城万里今犹在，不见当年秦始皇。"张家人看见张英的回信，主动退让了三尺，而邻居吴姓一家深受感动，也退让了三尺，六尺之巷因此而成。

"让邻三尺"的故事虽然在不同地区的主角不同，但它们都说明了邻里之间要友好相处的道理。有了争执，友好协商、互相谦让，这才是邻里间正确相处的典范。

汉字知识馆

　　"尺"是古代最常用的长度单位之一。不过，"尺"在不同的朝代的实际长度会有一些差异。

　　秦始皇统一六国后，将全国的度量衡也统一成一种标准，规定一尺约合今天的23厘米。之后的朝代，一尺的实际长度也存在或多或少的变化，平均下来相当于现在的24厘米。现在的一尺要比古代的一尺长一些，大约是33厘米。

本

běn

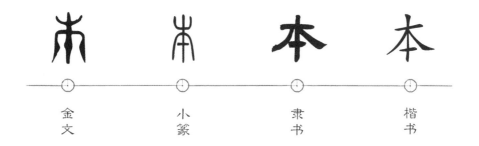

| 金文 | 小篆 | 隶书 | 楷书 |

　　"本"字的金文字形就是一棵树，上面是树枝，下面是树根，树根上的三个点表示树木的根部所在，因此"根"和"本"常常连在一起使用，人们用"根本"表示事物的本源、基础。篆文以后，树根处的三点转化成一横，"本"字的字形也就固定了下来。

汉字故事馆

| 舍本逐末 |

战国时期，齐国为了和赵国加强外交关系，就派使臣去访问赵国。

使臣到了赵国，见到赵威后，还没有把齐王让他带来的礼物和书信交给赵威后，赵威后就问："齐国今年的收成还好吗？老百姓过得怎么样？齐王身体如何？"使臣听了赵威后的问话，心里很不高兴，就对赵威后说："我奉齐王的命令出使赵国，可您竟然没有先问候我们齐王，反而是先问收成、百姓，这样先贱后贵，不是本末倒置吗？"

赵威后听了使臣的话，笑着说："你的想法不对。对于一个国家来说，粮食是最重要的，如果没有粮食，就不会有百姓；如果没有百姓，又哪里能有君王呢？所以我这样问，根本没有错，不然要我先舍去根本的问题去问末节的事吗？"

赵威后的这句话被后人总结为"舍本逐末"，也就是舍弃事物的根本的、主要的部分，而去追求细枝末节。

汉字知识馆

《史记》是由西汉史学家司马迁撰写的纪传体史书。我们说的"十二本纪、三十世家、七十列传、十表、八书"就是《史记》的一种分类方法。"本纪"是记载历代君王事迹与政绩的篇目的名称；"世家"记述诸侯国和汉代诸侯、勋贵兴亡；"列传"是记重要人物的言行事迹，主要记叙人臣，其中最后一篇为自序；"表"用表格的形式简单归纳历史大事的时间、人物；"书"则记述制度的发展，涉及礼乐制度、天文兵律、社会经济、河渠地理等多方面内容。

《史记》是司马迁毕生的心血，是"二十四史"之首，被鲁迅誉为"史家之绝唱，无韵之离骚"。

笔

bǐ

汉字小秘密

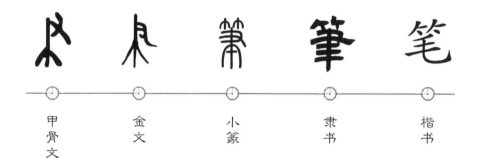

| 甲骨文 | 金文 | 小篆 | 隶书 | 楷书 |

古人用毛笔写字，那时候的笔杆是用竹子制成的，因此篆文的"笔"字自然就用竹字头作偏旁了。下面的"聿（yù）"字在甲骨文中是""，是"笔"的初始汉字。后来人们为了简化汉字，将"聿"改为"毛"，这也从另一方面体现了古人的笔是用竹和毛制成的。

汉字故事馆

| 妙笔生花 |

相传，一天深夜，李白睡得正香，突然感觉随风飘到了一座仙山。只见仙山四周云雾飘飘，花草树木都很茂盛。李白看着大自然的美景，被深深吸引了。就在这时，一支巨大的毛笔从云海中冲出，那毛笔足有十多丈高，像一根玉柱。看着巨大的毛笔，李白心想：如果我能得到这支毛笔，用大地作砚台，蘸海水当墨汁，拿蓝天当纸张，将自己看到的美景全部写下来，那该有多好。就在李白尽情想象的时候，他忽然听见一阵悠扬悦耳的仙乐，看见五色光芒从笔端射出，接着，笔尖就开出一朵鲜艳的红花。慢慢地，那支开出红花的笔居然向他飘来。李白眼看那支光芒四射的生花妙笔越来越近，伸手就想去取。当他快要摸到粗壮的笔杆时，他居然惊醒了，原来这一切都是李白做的一场梦。

李白醒了之后，总是想起梦里的情景，想要找到那个地方，得到那支生花妙笔。于是他开始游览名山大川，寻找梦中仙境。后来，李白云游到黄山，居然真的见到了那支开出红花的巨笔，不觉失声大叫："原来我梦中见到的生花妙笔就在这里！"

传说，李白自从见到了那支生花妙笔，名诗佳句便源源不断，被后人称作"诗仙"。

汉字知识馆

　　文房四宝指笔、墨、纸、砚，它们是文人书房中必备的四件宝贝。对中国古代文人来说，书法和绘画是体现才情的重要手段，而不论是书法还是绘画，都离不开笔、墨、纸、砚这四件宝贝。笔，指毛笔，是用兽毛加工后制成笔头，配上笔杆的书法的基本工具。墨，在西周时期就已有记载，根据其原料不同，可分为油烟墨、漆烟墨、松烟墨。纸，是我国四大发明之一，我国古代的造纸技术十分先进，文人们对纸的品质也有很高的要求。砚，也称"砚台"，被古人誉为文房四宝之首，材质有陶、泥、砖瓦、金属、漆、瓷、石等，最常见的是石砚。

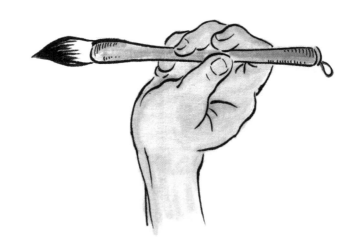

册

cè

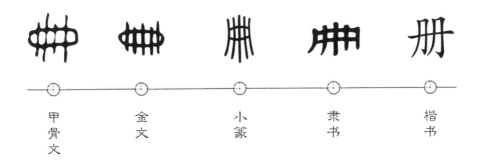

| 甲骨文 | 金文 | 小篆 | 隶书 | 楷书 |

　　我们都知道造纸术在东汉时期得到改进，在这之前，古人都是在用竹子做的竹简上写字。"册"字的甲骨文中那些竖线代表一个个竹简，因为古代的竹简是用上下两条绳索贯穿连接着的，所以中间的那个圈就表示编绳，这样原本散着的一个个竹简就固定成"册"了。

汉字故事馆

| 古代的书册故事 |

我们现在一般都说"一本书"，其实还有一个量词可以用来表示书的数量，那就是"册"，成语"人手一册"就是表示每个人手中都有一本书。我们在认识"册"这个汉字时，已经知道册和古代制书有关系了。现在就讲两个关于古代书册的趣闻故事吧。

我国早在商代就有简策（册）了，当时所有的书面资料都记载在简策上，大臣呈给君主的文书当然也是这种形式。西汉文学家东方朔给汉武帝写了一篇文章，竟用了3000根竹简，最后由两个人一起抬，才勉强抬进宫去。

另外，成语"韦编三绝"也和书册有关系。据说，孔子到了晚年，喜欢读《周易》。但是，《周易》是写在一片片竹简上的，必须用熟牛皮绳子把这些竹简编连在一起才能阅读，这些熟牛皮绳子就是"韦"。《周易》文字艰涩，内容隐晦，孔子就翻来覆去地读，这样读来读去，甚至把编连竹简的牛皮绳子磨断了许多次。后来，人们就用"韦编三绝"来形容一个人读书勤奋。

汉字知识馆

册封制度早在殷商时期就已经产生，此后的历朝历代一直都在沿用。皇帝举行册封仪式时，会对受封者宣读诏书，这种诏书叫"册文"，简称"册"。宣读册文后，皇帝会将册文连同印玺一同授给被封的人，作为他受封的凭证和信物，永久保存，这个仪式就叫册封。根据册封对象的不同，所用的册的材质也不一样，如封亲王时用的册一般是由金箔制成的；封郡王时用的册一般是镀银册；封郡主时则用纸册。

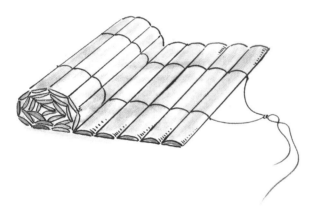

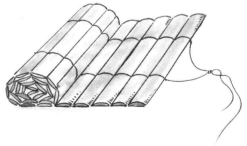

进 迁 送
边 道 连

进

jìn

| 甲骨文 | 金文 | 小篆 | 隶书 | 楷书 |

　　"进"的甲骨文由隹（鸟形）和止（足形）两部分组成。其中鸟形象征着飞翔，而足形则代表着脚。金文将"屮"改为"彳（辵chuò，辶的原形）"来强调行走。简化汉字时，将"隹"简化为"井"，"进"就演变成我们今天看到的样子了。

汉字故事馆

| 进退两难 |

《唐国史补》记载着这样一件事，某一天，在通往渑池的山路上，有一辆装着满满瓮罐的大车，堵在了狭窄的险要之处。

因为天气非常寒冷，冰雪使崎岖的山路又陡又滑。大车停在中间，进也不好，退也不行，赶车的车主觉得非常为难。太阳快要下山了，成群结队的旅客，悬挂着小铃大铃的车辆、马匹，都堵在了这条小路上，在大车后面排着长队，没有办法通过。

就在大家不知道怎么办的时候，一位名叫刘颇的旅客骑着马来到大车前。他看了看大车和车主，问道："这车上装的瓮罐一共值多少钱？"车主不知道刘颇是什么意思，但还是老实地回答了："大概值七八千钱。"刘颇听了车主的话，没有再说话，只是解开口袋，取出一些钱给那车主作为抵偿。接着叫他的仆人登上大车，割断车上绑着瓮罐的绳索，将瓮罐全部从山崖上推下去。顿时，车身变轻了，大车可以继续走了，小路上的车马和人们也可以继续向前了。

后来人们把这种前进和后退都难的情形叫作"进退两难"，形容处境困难。

汉字知识馆

在古代的科举考试中，考生要经过层层考试并成为举人后，才能"进京赶考"，参加会试。通过了会试的考生就成了贡士，也就获得了参加最后一级考试——殿试的资格。殿试及第的考生，就是进士啦。明清时期，朝廷会根据成绩的高低将进士分为三等，分别是一甲、二甲和三甲，合称"三甲"。一甲是全国前三名，他们会被皇帝赐予"进士及第"的出身，第一名被称为状元，第二名叫榜眼，第三名叫探花；二甲若干名，赐"进士出身"；三甲赐"同进士出身"。揭晓进士名次的布告是用黄纸书写的，被称为黄甲、金榜，所以考中进士就被称为"金榜题名"。

迁

qiān

小篆　　　隶书　　　楷书

　　从字形上看，"迁"字的篆文和后面的隶书差别较大，它的篆文左边表示走路的意思，到了隶书时，变成了更加规范的"辶"，并一直延续到现在。隶书中"䙴（qiān）"是"迁"的声旁，表示读音，后来简体字时被笔画更少的同音字"千"代替了。

汉字故事馆

| 孟母三迁 |

战国时期，邹国有一位很伟大的思想家、教育家——孟子。他三岁的时候父亲就去世了，留下他和母亲两人相依为命。

孟子小时候非常喜欢模仿身边的人，模仿能力也特别强。他家原来住在墓地旁边，送葬的队伍常常从他家门口经过，孟子就和小伙伴学起了别人哭丧。孟母看到了，皱起眉头说："这样不行，我不能让我的孩子住在这里了！"于是就带着孟子搬到市场附近。孟子每天看着商人叫卖货物，就又玩起了在街上叫卖的游戏。孟母知道后，又皱了皱眉头说："这个地方也不适合我的孩子居住！"

最后，他们搬到了一所学校旁边。这时候孟子年纪小，还不能进学校读书，但他每天看着小朋友们在学校学习，也开始模仿起小朋友们彬彬有礼、勤奋学习的样子。

孟母看到儿子越来越有礼貌，还自觉地开始读书了，才满意地点着头说："这才是我的孩子应该住的地方呀。"后来孟子果真专心读书，终于成为一代大儒，被后人称为"亚圣"。

"孟母三迁"的故事也被用来表示人应该要接近好的人、事、物，才能学到好的习惯！

汉字知识馆

迁在古代有迁移、迁徙、搬迁、变化的意思，除此之外，我们也常在古诗或古文中读到用"迁"来表示官员调动的词句，那么 "迁"到底指的是升官还是贬官呢？

这分为三种情况，第一种是平级调动，不升不贬，一般用"迁调""迁官""转迁"等词来表示；第二种是升职，也就是升迁，一般用"迁受""迁除""迁进"等词来表示；"迁谪""迁削""左迁"等词表示的是第三种情况——降职，这时候，作者的字里行间往往透露着被贬谪的郁闷与苦楚。

送
sòng

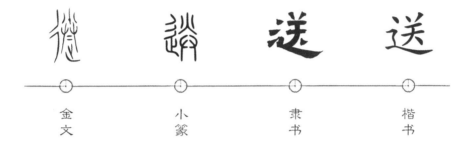

| 金文 | 小篆 | 隶书 | 楷书 |

我们看"送"字的金文时，要把它分成三部分来看，左边的"彳"是一条道路，下面的"辶"表示走路，上面的"龹"表示读音。

143

汉字故事馆

| 送礼不送钟 |

春秋末期，在一片深山老林中，有一个叫仇由的国家。这个国家虽然非常小，但是非常富裕，百姓安居乐业。就在这时，仇由国的邻国晋国打起了这个小国的主意，想要把它吞并。可仇由国地势险要，只有几条弯弯曲曲的小路，军队根本没办法进入。那该如何灭掉这个小国呢？晋国六卿之一的智伯想出了一计。

晋国铸造了一口大钟，说这口钟象征仇由国国王尊贵的地位，要将它送给仇由国国王。仇由国国王听了非常高兴，立刻就同意晋国派人来送钟。这时仇由国的一个臣子发觉不对，就对国王说："自古都是小国给大国贡品，晋国那么大的国家却给我们一个小小的国家送如此昂贵的礼物，这其中一定有诈。"可国王根本听不进去，说："不可能，我和晋国的君主沾亲，晋国不会害我的。"于是他下令砍掉小路周围的树，把通往外界的路修得又宽又平。最终，晋国在送来大钟之后，出兵吞并了仇由国，为这个国家敲响了丧钟。

一个国家因为一口钟而亡了国，大家就都觉得"送钟"不太吉利，这也是"送礼不送钟"的一个原因了。

汉字知识馆

古往今来，许多文人墨客对于离别总是歌吟不绝。古时候由于交通、通信不便，亲人朋友之间往往一分别，就会很多年都见不上一面，所以古人特别看重送别。送别之际，人们往往会设酒饯别，折柳相送，有时还要吟诗话别，因此送别诗就成了一种专门抒发离别之情的诗歌题材。送别诗中常用的意象有长亭、杨柳、夕阳、酒、秋等，诗歌题目通常有"赠""别""送"等字眼；诗的内容有写夫妻之别、亲人之别、友人之别，也有写同僚之别等。这些饱含真情的送别诗，表达了对即将远行的亲友的不舍与留恋，也寄托了对未来的期盼与祝愿。

边

biān

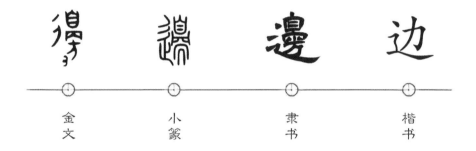

| 金文 | 小篆 | 隶书 | 楷书 |

"边"的金文由"彳""臱（biān）"和"ヲ"组成。到了篆文，"彳"改为"辶"的原形"辵（chuò）"，"ヲ"也被删除了，只有"臱"作为声旁一直没有改变，直到现代，人们为了简化汉字，才将"邊"简化为"边"。

汉字故事馆

| 王戎不取道边李 |

相传，王戎小时候就善于观察、聪明过人。

王戎七岁的时候，曾和一群小伙伴出门游玩儿。大家边走边说笑，不知不觉间就走到了道边。就在这时，他们发现前面不远处长着一棵李子树，树上长满了鲜亮的李子，压得树枝都弯了，好像在招呼他们赶快去摘。

王戎的小伙伴们被诱人的李子吸引，都抢着往树下跑，准备爬到树上"大展身手"，摘下最大、最美味的李子。只有一个人不争不抢，静静地站在那里，仿佛对"近在眼前"的李子一点儿也不感兴趣。那个人就是王戎。

有人看到这一幕，就来到王戎身边，问他为什么不和其他小伙伴一起去摘李子。王戎摇摇头，回答说："这棵李子树就长在道边，附近来来往往的行人那么多，如果树上结的李子好吃，不是早就该被人摘光了吗？现在树上还有这么多李子，所以我猜测，这棵树上的李子一定很苦。"那人有些怀疑王戎的话，决定亲自去摘一颗试试看。他摘下一颗李子放进嘴中，李子果然是苦的，这才彻底相信了王戎的话。

汉字知识馆

边塞诗又称出塞诗,是以边疆地区的军民生活和自然风光为题材的诗。边塞诗的内容,既有对从军出塞、保国戍边、塞上风情的描写,也有对报国壮志、反战呼声的抒发;既描写了重大的边塞战争,也表现了夫妻相思之苦、母子分别之悲。总之,诗歌内容都是与边塞生活密切相关的。

边塞诗的意象也极具特点,黄沙白云、冰川雪山等鲜明的边地风貌和自然景观常常出现在戍边将士们的笔下;充满异域风情的羌笛、胡笳、琵琶、战马,以及英勇冲锋的戍卒、将帅等也是边塞诗中常见的意象。这些边塞诗是对历史的记录,也是对历史的传承。

道

dào

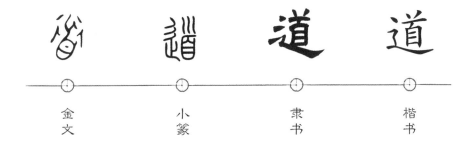

| 金文 | 小篆 | 隶书 | 楷书 |

　　"道"字的金文展现了古代的道路状况，外圈的四笔围成了一个宽阔的十字路口，表示"道路"。在路中间加入了表示人的头部的"首"字，形象地呈现了人在路上行走的场景。

汉字故事馆

| 明修栈道，暗度陈仓 |

秦朝被推翻的时候，势力最强的项羽自封为西楚霸王，企图独霸天下，但是项羽对刘邦不放心，便故意封他为汉王，想把他赶到偏僻的山里去。刘邦没办法，只好听从。

汉中的地势十分险峻，主要的通道都是由木头架成的，叫作栈道。刘邦在路上时，采纳了张良的计策，把一路走过的几百里栈道全部烧毁。烧毁栈道是为了便于防御，更重要的是为了迷惑项羽，让他以为刘邦真的不打算出来了，从而放松对刘邦的戒备。

刘邦到了汉中后，采取韩信的计策，在出兵前，下令士兵修筑被烧毁的栈道。项羽的密探发现了这一情况，急忙向项羽汇报。项羽听后哈哈大笑，说："刘邦之前火烧栈道，现在又要重修，谈何容易！等他修好了，我早已统一天下了。"没想到，刘邦表面上在修筑栈道，实际上是为了扰乱项羽的耳目。他暗中由陈仓出兵，攻打项羽的领地。由于项羽的守军毫无准备，所以被汉军打得措手不及，节节败退。

后来人们就用"明修栈道，暗度陈仓"借指用假象迷惑对方以达到某种目的。

汉字知识馆

"路""道""径""途""蹊"这几个词在古代都有道路的意思，但你知道这几种道路都有哪些区别吗？在古代，"道""路""途"都是指能往来通车的路。"径"与"蹊"是指只能步行，通不了车的路。"径"往往是直而近的小路，虽不能通车，但牛马还是可以轻松通过的。"蹊"比"径"更小，指人们在本没有路的山野或空地间踩踏出来的小道。

连

lián

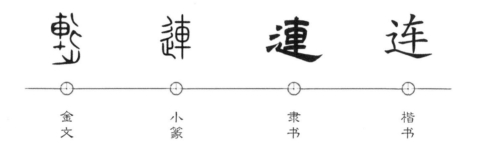

| 金文 | 小篆 | 隶书 | 楷书 |

　　"连"字的金文左边是"车"字，右边是表示行走的"辶"，合起来指车子在路上走。古时候一个部队的车队在宿营时，为了安全，车子都会首尾相接地连在一起，由此产生了"连接""相连"等含义。到了隶书时，"辶"字变成了"辶"，原来左边的"车"换到了右边，整个字形也更加规范了。

汉字故事馆

| 火烧连营 |

话说，孙权杀了关羽，又抢回了荆州，惹得刘备心里直冒火，刘备不顾文武大臣们的劝阻，亲自率领大军杀向了东吴。

孙权听说刘备大军杀来，十分害怕，先后派出了孙桓、甘宁等将领迎战，可他们都被刘备打败了。在孙权急得不知如何是好时，老臣阚泽向孙权推荐了小将陆逊，说："如果不用陆逊，东吴非灭亡不可！"孙权这时也没有更好的办法，只好任命陆逊为大都督，并把自己的宝剑交给陆逊。

两军对阵之时，刘备命先头部队跑到东吴营前挑衅，对东吴将士破口大骂。东吴的一些将领被激怒，要出营跟蜀军杀个痛快，但陆逊始终不许，坚持要等蜀兵求战不得，驻扎到树林中的时候再出兵。

而刘备见陆逊那边坚守不出，非常烦躁，果然下令在树林里安营扎寨，准备引诱吴军来袭。

另一边，陆逊得知刘备的营寨已驻扎进树林，且连成了几百里，就定好了打败刘备的计谋。一天午后，东南风刮得很猛，陆逊指挥大队人马带着茅草和火种，兵分三路，一起杀进蜀营，借着风势把蜀军营地烧成一片火海。蜀军大败，刘备也只能在赵云的保护下狼狈地逃到白帝城。这就是"火烧连营"的故事。

汉字知识馆

"襟"的意思是衣服胸前的部分，"连襟"的意思是"衣襟相连"，最早是用来比喻人和人之间的亲密关系，后来，渐渐成为姐妹的丈夫之间的专属称谓。到了三国时期，江东有大乔、小乔两位姐妹，她们原本姓"桥（乔）"，是当地出名的美女，被世人称为"二乔"。后来，她们分别嫁给了孙策和周瑜，孙策和周瑜二人也就成了历史上最有名的连襟，此后人们便将连襟和二乔用在了一起，产生了"连乔（连桥）"一词，也用来做姐妹的丈夫的称谓，与"连襟"一直沿用到现在。

连字

王珏制画